ATRIUM

DAS LAND, WO DIE KANONEN BLÜHN

Erich Kästner

Gedichte und Prosa
für den Frieden

Atrium Verlag · Zürich

Erich Kästners Werke erscheinen im Atrium Verlag in ihrer originalen Textgestalt. Die Sprache hat sich im Lauf der Jahrzehnte gewandelt, manche Begriffe werden nicht mehr oder anders verwendet. Von minimalen Eingriffen abgesehen, wurde aus urheberrechtlichen Gründen darauf verzichtet, Kästners Sprache – die eines aufgeklärten Moralisten und Satirikers – dem heutigen Sprachgebrauch anzupassen.

MIX
Papier | Fördert gute Waldnutzung
FSC® C083411
FSC
www.fsc.org

Erstausgabe
2. Auflage 2024

Umschlaggestaltung: www.b3k-design.de, Andrea Schneider und diceindustries
Satz: Pinkuin Satz und Datentechnik, Berlin
Druck und Bindung: CPI books GmbH, Leck
Printed in Germany
ISBN 978-3-85535-186-2
www.atrium-verlag.com

Inhalt

TEIL I: Erfahrungen

Kennst Du das Land, wo die Kanonen blühn?

Kennst Du das Land, wo die Kanonen blühn?
Du kennst es nicht? Du wirst es kennenlernen!
Dort stehn die Prokuristen stolz und kühn
in den Bureaus, als wären es Kasernen.

Dort wachsen unterm Schlips Gefreitenknöpfe.
Und unsichtbare Helme trägt man dort.
Gesichter hat man dort, doch keine Köpfe.
Und wer zu Bett geht, pflanzt sich auch schon fort!

Wenn dort ein Vorgesetzter etwas will
– und es ist sein Beruf, etwas zu wollen –,
steht der Verstand erst stramm und zweitens still.
Die Augen rechts! Und mit dem Rückgrat rollen!

Die Kinder kommen dort mit kleinen Sporen
und mit gezognem Scheitel auf die Welt.
Dort wird man nicht als Zivilist geboren.
Dort wird befördert, wer die Schnauze hält.

Kennst Du das Land? Es könnte glücklich sein.
Es könnte glücklich sein und glücklich machen!
Dort gibt es Äcker, Kohle, Stahl und Stein
und Fleiß und Kraft und andre schöne Sachen.

Selbst Geist und Güte gibt's dort dann und wann!
Und wahres Heldentum. Doch nicht bei vielen.
Dort steckt ein Kind in jedem zweiten Mann.
Das will mit Bleisoldaten spielen.

Dort reift die Freiheit nicht. Dort bleibt sie grün.
Was man auch baut – es werden stets Kasernen.
Kennst Du das Land, wo die Kanonen blühn?
Du kennst es nicht? Du wirst es kennenlernen!

Jahrgang 1899

Wir haben die Frauen zu Bett gebracht,
als die Männer in Frankreich standen.
Wir hatten uns das viel schöner gedacht.
Wir waren nur Konfirmanden.

Dann holte man uns zum Militär,
bloß so als Kanonenfutter.
In der Schule wurden die Bänke leer,
zu Hause weinte die Mutter.

Dann gab es ein bisschen Revolution
und schneite Kartoffelflocken;
dann kamen die Frauen, wie früher schon,
und dann kamen die Gonokokken.

Inzwischen verlor der Alte sein Geld,
da wurden wir Nachtstudenten.
Bei Tag waren wir bureau-angestellt
und rechneten mit Prozenten.

Dann hätte sie fast ein Kind gehabt,
ob von dir, ob von mir – was weiß ich!
Das hat ihr ein Freund von uns ausgeschabt.
Und nächstens werden wir dreißig.

Wir haben sogar ein Examen gemacht
und das Meiste schon wieder vergessen.
Jetzt sind wir allein bei Tag und bei Nacht
und haben nichts Rechtes zu fressen!

Wir haben der Welt in die Schnauze geguckt,
anstatt mit Puppen zu spielen.
Wir haben der Welt auf die Weste gespuckt,
soweit wir vor Ypern nicht fielen.

Man hat unsern Körper und hat unsern Geist
ein wenig zu wenig gekräftigt.
Man hat uns zu lange, zu früh und zumeist
in der Weltgeschichte beschäftigt!

Die Alten behaupten, es würde nun Zeit
für uns zum Säen und Ernten.
Noch einen Moment. Bald sind wir bereit.
Noch einen Moment. Bald ist es so weit!
Dann zeigen wir euch, was wir lernten!

Primaner in Uniform

Der Rektor trat, zum Abendbrot,
bekümmert in den Saal.
Der Klassenbruder Kern sei tot.
Das war das erste Mal.

Wir saßen bis zur Nacht im Park
und dachten lange nach.
Kurt Kern, gefallen bei Langemarck,
saß zwischen uns und sprach.

Dann lasen wir wieder Daudet und Vergil
und wurden zu Ostern versetzt.
Dann sagte man uns, dass Heimbold fiel.
Und Rochlitz sei schwer verletzt.

Herr Rektor Jobst war Theolog
für Gott und Vaterland.
Und jedem, der in den Weltkrieg zog,
gab er zuvor die Hand.

Kerns Mutter machte ihm Besuch.
Sie ging vor Kummer krumm.
Und weinte in ihr Taschentuch
vorm Lehrerkollegium.
Der Rochlitz starb im Lazarett.

Und wir begruben ihn dann.
Im Klassenzimmer hing ein Brett,
mit den Namen der Toten daran.

Wir saßen oft im Park am Zaun.
Nie wurde mehr gespaßt.
Inzwischen fiel der kleine Braun.
Und Koßmann wurde vergast.

Der Rektor dankte Gott pro Sieg.
Die Lehrer trieben Latein.
Wir hatten Angst vor diesem Krieg.
Und dann zog man uns ein.

Wir hatten Angst. Und hofften gar,
es spräche einer halt!
Wir waren damals achtzehn Jahr,
und das ist nicht sehr alt.

Wir dachten an Rochlitz, Braun und Kern.
Der Rektor wünschte uns Glück.
Und blieb mit Gott und den andern Herrn
gefasst in der Heimat zurück.

Sergeant Waurich

Das ist nun ein Dutzend Jahre her,
da war er unser Sergeant.
Wir lernten bei ihm: »Präsentiert das Gewehr!«
Wenn einer umfiel, lachte er
und spuckte vor ihm in den Sand.

»Die Knie beugt!«, war sein liebster Satz.
Den schrie er gleich zweihundertmal.
Da standen wir dann auf dem öden Platz
und beugten die Knie wie die Goliaths
und lernten den Hass pauschal.

Und wer schon auf allen vieren kroch,
dem riss er die Jacke auf
und brüllte: »Du Luder frierst ja noch!«
Und weiter ging's. Man machte doch
in Jugend Ausverkauf …

Er hat mich zum Spaß durch den Sand gehetzt
und hinterher lauernd gefragt:
»Wenn du nun meinen Revolver hättst –
brächtst du mich um, gleich hier und gleich jetzt?«
Da hab ich »Ja« gesagt.

Wer ihn gekannt hat, vergisst ihn nie.
Den legt man sich auf Eis!
Er war ein Tier. Und er spie und schrie.
Und Sergeant Waurich hieß das Vieh,
damit es jeder weiß.

Der Mann hat mir das Herz versaut.
Das wird ihm nie verziehn.
Es sticht und schmerzt und hämmert laut.
Und wenn mir nachts vorm Schlafen graut,
dann denke ich an ihn.

Fort Douaumont, zwölf Jahre später

Es stand bei uns schon fest, bevor wir nach Paris fuhren, in Verbindung mit dieser Reise die Schlachtfelder aufzusuchen. Auf der Hinfahrt (durch Belgien, an Lüttich und Namur vorbei) war nichts allzu Auffälliges zu sehen. Erst in der Nähe von Paris, so bei St. Quentin, erblickten wir zerschossene Kirchen, zertrümmerte Häuser, Bäume ohne Wipfel und hier und da einen Bodenstreifen, der ein ausgefüllter Schützengraben sein konnte. Landschaft und Gebäude waren großenteils schon wieder »repariert«.

Auf der Rückfahrt von Paris schlugen wir eine andere Richtung ein. Wir reisten durch die Champagne, nach den Argonnen, und verließen den Zug in *Verdun*. Hatte schon die Fahrt bis zu dieser jahrelang umkämpften Festung einen viel tieferen Eindruck hinterlassen als die Tour durch Nordfrankreich, so stand uns jetzt ein Anblick bevor, den wir jedem wünschen, der gesonnen ist, den Krieg leichtfertig als eine unvermeidliche Laune der Geschichte hinzustellen, und dessen Erinnerungsvermögen nicht ausgereicht hat, vier Jahre unmenschlichen Mordens im Kopfe zu behalten. Stundenlang kann man hier im Umkreise fahren, und überall sieht es – soweit die Natur nicht mildernd eingreift – noch so aus wie in den Tagen, als Douaumont fiel. Die Bühne blieb erhalten, auf der das scheußliche Welttheater stattfand. Sie blieb so erhalten, wie man Wälder mit seltenen Tieren und Pflanzen erhält. Die Landschaft um Verdun kann, im Gegensatz zu diesen Naturschutzparken, ein »Kulturschutzpark« genannt werden. Die Schuljugend der ganzen Welt sollte man – wie früher uns in »Wilhelm Tell« – hierherführen, dass sie diese meilenweit von Granaten umgepflügte Erde sähe; die unabsehbaren Gräberreihen mit den dünnen, monotonen Holzkreuzchen; die Laufgräben und Sappen, in denen Kulturmenschen wie Wilde gekrochen sind; und nicht zuletzt die Sorte von Besuchern, die sich, in allen möglichen Stellungen, Arm in Arm wie Hochzeitspärchen, vor den Trümmern von Panzertürmen und an Stacheldraht und spanische Reiter gelehnt, photographieren lassen.

Am tiefsten erschraken wir – obwohl es wahrhaftig Schrecklicheres zu sehen gab –, als auf unserer Fahrt der Wagen das eine Mal anhielt, der Chauffeur sich umwandte, auf Gesträuch, Löwenzahn und Gestrüpp wies und erklärend hinzufügte: »C'est Fleury.«

Das war das Dorf *Fleury* … Auch nicht ein Stein war weit und breit zu sehen! Der Boden war ganz und gar überwachsen. Lustige gelbe Blütensträucher wucherten zwischen dem jungen Grün zahlloser niedriger Büsche. Das Dorf war von der Erde wie weggefegt. Es war, wie man so schön sagt, in die Luft geflogen. Bis zum Horizont, nach allen Seiten, nichts als dichtgrüne Hügel, mit

Blumenflecken und manchmal einem Schmetterling. Ein Grab, nach Kilometern zu messen.

Ein zweites Mal hielt der Wagen, und der Chauffeur sagte: »Das ist das Dorf *Douaumont.*« Und wieder sah man nichts als grüne Hügel und Sträucherwellen.

Erst eine Viertelstunde weiter tauchten Häuser auf. Das heißt, Häuser konnte man es eigentlich nicht nennen. Es waren Hütten, aus Wellblech zusammengeflickt, das die zurückgekehrten Bauern reichlich vorfanden. Und an einem dieser Blechställe stand das Wort »Ecole«. Die Schule der zerstörten Ortschaft wurde also in einer Art Hundehütte untergebracht, während die Kriegsdenkmäler, die nicht weit davon errichtet wurden, aussehen, als hätte man sich vor Geld nicht retten können. Das »Ossuaire du Douaumont« – die Knochenkammer also, in der die Reste von unkenntlich zerfetzten Soldaten ganzer Bataillone kistenweise übereinanderstehen, ist eine turmgekrönte Riesenhalle, deren Ausmaße und Geschmacklosigkeit unentschieden wetteifern.

Davor liegt einer jener endlosen Friedhöfe, mit seinen Tausenden von Kreuzen. Und wenn man einen der Namen auf einem der Kreuze liest und nur an das eine Schicksal denkt, das hier unterbrochen wurde, und dann zum nächsten und dann zum übernächsten Kreuz tritt, so hat man einfach nicht mehr den Mut, den Blick zu heben und über die zahllosen Kreuze schweifen zu lassen, die hier nebeneinanderstehen und die doch nur einen kleinen Teil des Elends und der Toten bedecken, die jener Krieg gekostet hat.

In Köln sahen wir, in der Kirche der heiligen Ursula, auch eine Knochenkammer. Die Decke und die Wände sind vergittert, und hinter ihnen erkennt man die Schulterblätter, Rippen und Schenkelknochen der dreihundert Begleiterinnen, die der Heiligen ins Unglück folgten. Und in einzelnen Glaskästen liegen, mit goldgestickten Purpurbändern umwunden, einige Frauenschädel. Die Kirche hat verstanden, ihre Märtyrer in Andacht fordernder Weise beizusetzen; sie hat es verstanden, Grauen und Glanz zu kommandieren, wenn es galt, die Massen suggestiv zu beeinflussen.

Aber diese Grabmäler, die in und um Verdun erbaut wurden, sind protzige Angelegenheiten. Und nicht das mindeste haben sie mit den Hunderttausenden zu tun, die in diesen Wäldern begraben, verscharrt und zersplittert liegen!

Am abstoßendsten und zugleich am dümmsten wirkt der architektonische Versuch der »Tranchée des bajonettes«. Hier wurde eine Kompanie französischer Infanteristen verschüttet, die in einer Sappe Gewehr über marschierte. Und noch heute ragen die Flintenläufe und die aufgepflanzten Bajonette, unheimlich und kaum erträglich, aus der Erde heraus. Diesen Anblick zu erhalten, ließ ein amerikanischer Gönner eine riesige Steinplatte darüberlegen, die auf kniehohen Sockeln ruht. Und wer die »Tranchée des bajonettes« sehen will, muss sich kauern oder bücken, als suche er einen Kragenknopf unterm Sofa.

Am besuchtesten sind die Forts. Natürlich nur diejenigen, die seinerzeit von den deutschen Armeen zerschossen und eingenommen worden sind. Denn die andern sind weiterhin verborgen gelegen und werden »für künftige Fälle« in gutem Zustande erhalten. Verdun wimmelt von Militär. Zuavenregimenter, Artillerie und Fliegertruppen herrschen vor. Ein großer Teil der Zivilbevölkerung lebt noch vom Krieg. Postkartenkioske, Autobusse und Autodroschken, die die »Battlefields« befahren, sind das Wichtigste.

An den Forts steigt man aus. Soldaten kommen mit Bergwerklampen und führen die Besucher wie durch Museen. Aber was für Museen sind das! Zerschossene Betondecken, vergaste Keller, Reste von unterirdischen Schlafräumen, zerfetzte Telefonzentralen, eine kleine kümmerliche Kellerkapelle – von den Deutschen respektiert, wie der Begleitposten lobend bemerkt –, Räume mit 42-Zentimeter-Geschossen, anderen Blindgängern und riesigen aufgerissenen Granatwänden.

Welche Vorstellungen haben wir uns damals von diesen Forts gemacht, als es hieß, Vaux und Douaumont würden umkämpft und die Opferzahl sei groß? Es waren kleine Beton- und Panzergewölbe, nicht größer als die Kellerkomplexe von Mietshäusern. Kaum hundert Menschen hatten hier Platz. Das Wasser lief von den

Wänden. Der Kommandant wohnte in einer Gefängniszelle. Der Arzt hauste in einem Verschlag über dem Krankenraum und musste eine Leiter anlegen, wenn er hinauf wollte.

Und wie es hier zugegangen sein muss, wenn von innen und draußen geschossen wurde; wenn Verwundete dalagen, wenn kein Wasser mehr da war und Gasgranaten einschlugen, das ist unvorstellbar. Es gibt mehrere Dichtungen, die sich mit dem Kampf um Douaumont beschäftigen und den Irrsinn nachbilden wollen, der auf diesem Fleck Erde die Menschen schlug. In einer Novelle von Fred Hildenbrandt, erinnere ich mich, sucht ein Kriegsteilnehmer, der bei Verdun dabei war, dieses Gelände auf, verlässt nachts, während die anderen Reisenden schlafen, das Hotel, wandert zu den Forts hinaus und wird hier, noch einmal, von dem Wahnsinn gepackt, der ihn damals trieb. Er schleicht, springt auf, wirft sich hin, schreit, stöhnt, liegt still, stürmt und wiederholt alles, was er damals tat, in einem gespenstischen Anfall.

Wer heute durch dieses Gelände fährt, wird begreifen, dass dergleichen geschehen kann. Er wird sich sogar wundern, dass es nicht und nicht öfter geschieht. Und er wird sich noch mehr wundern, dass zwölf Jahre nach diesem Wahnsinnsanfall der Völker, während die Schlachtfelder noch so daliegen, wie sie seinerzeit verlassen wurden, viele Menschen vergessen haben, was damals wirklich war.

Denn, wir wollen uns ja nicht täuschen: Von den Hunderttausenden, die den Krieg heute in Kriegsromanen nachlesen, dringt den meisten die Erinnerung nicht bis ins Herz. Sie erleben Literatur als Literatur. Sie sagen: »Grauenhaft!« und denken eine Minute später an Erdbeertorte mit Schlagsahne.

So geht es nicht! Wenn doch viele mithülfen, das unsichtbare Kriegsdenkmal aufzurichten, das trotzdem alle sehen!

TEIL II: Betrachtungen

Das ohnmächtige Zwiegespräch

Der Chronist spricht:

Zur Macht gelangt nur, wer die Macht begehrt.
Ihm winkt sie zu. Ihm gibt sie dunkle Zeichen.
Und ihm befiehlt sie, eh sie ihm gehört:
»Stell unser Bett auf einen Berg von Leichen!«
Die Macht liebt den, der sie entehrt.
Denn sie ist eine Hure ohnegleichen.
Sie liebt die Mörder, und sie schläft mit Dieben.
Schaut in die Bücher! Dort steht's aufgeschrieben!

Und dann blickt hoch und von den Büchern fort!
Die alte Hure ist sich treu geblieben.
Noch immer liebt sie Gaunerei und Mord
und schläft wie einst mit Räubern und mit Dieben.
Sie beugt das Recht. Sie bricht ihr Wort.
Und immer gibt es Männer, die das lieben.
Das heilige Gesetz, nach dem sie leben,
ist alt und heißt: Wer hat, dem wird gegeben.

Seht ihr die Wolke, die am Himmel schwimmt?
Dahinter, sagt man, würden Engel schweben,
und alles, was man euch auf Erden nimmt,

das würde man euch droben wiedergeben.
Die Mächtigen beschwören, dass es stimmt.
Drum nehmt euch, eh man es euch nimmt, das
Leben!
Vielleicht könnt ihr zu guter Letzt als Leichen,
was euch als Lebenden misslang, erreichen.

Der Fragesteller meint:

Willst du diesen Spott nicht lassen?
Wickle dich nicht in Geduld.
Seine Gegner soll man hassen!
Ihr seid alt und habt die Schuld.

Weshalb ließt ihr denn den Tröpfen
und den Räubern die Gewalt?
Ihr mit euren Denkerköpfen,
ihr seid schuld. Nun seid ihr alt.

Wer nur redet und nicht handelt,
redet dumm und handelt schlecht.
Erst wenn ihr die Welt verwandelt,
seid ihr klug und habt ihr recht.

Wir sind jung und wollen wissen:
Weshalb habt ihr denn die Macht
nicht und nie an euch gerissen
und die Läuterung vollbracht?

Standet ihr denn stets daneben?
Habt ihr weiter nichts erreicht
als ein ziemlich langes Leben
und den Bart, den ihr euch streicht?

Der Chronist entgegnet:

Du willst die Dummheit stürzen und dem Geist
die Macht, obwohl er sie nicht mag, verleihen?
Du willst, dass man der Macht die Macht entreißt?
Die Welt von der Gewalt befreien, heißt,
die Welt von den Gewaltigen befreien!

Drum jage dein Gewissen fort.
Es kann das Schießen nicht vertragen.
Du liebst die Menschen bis zum Mord?
Wirf dein Gewissen über Bord.
Ich weiß Bescheid und darf das sagen.

Du willst versuchen, was wir längst versuchten.
Es war uns nicht genug, dass wir die Macht
und ihre Kerle kunstgerecht verfluchten
und im Register unsrer Zeit verbuchten.
Wir wollten mehr. Wir haben mehr vollbracht.

Im Jahre 1940 waren
die Herrn der Erde wieder mal so weit.
Sie litten an zu vielen Friedensjahren,

zogen die Völker heftig an den Haaren
und brauchten wieder eine große Zeit.

Man ließ verschiedne Gegensätze klaffen,
weil so ein Schlachtfest Gründe haben muss.
Man gab den Völkern die modernsten Waffen,
ließ beides an die Landesgrenzen schaffen,
und etwas später fiel der erste Schuss.

Er traf, in Rom, den englischen Gesandten.
Der zweite Schuss traf Frankreichs Feldmarschall.
Der dritte traf den spanischen Infanten.
Es starben auch sechs Waffenlieferanten.
Man hörte die neun Schüsse überall.
Die Herrn der Erde stotterten Befehle.
Die Völker sahn sich unentschlossen an
und wollten sich noch immer an die Kehle.
Da fielen zweiundzwanzig Generäle!
Der Krieg war aus, bevor der Krieg begann.

Die Völker ließen ihre Waffen liegen.
Sie fuhren heim und waren wieder frei.
Das war der kürzeste von allen Kriegen.
Zweihundert Männer, mutig und verschwiegen,
gewannen ihn. Und ich war auch dabei.

Zweihundert Mann hatten den Krieg verboten.
Und sie bezahlten, wie sich das gehört.

Sie zahlten bar, mit dreiundachtzig Toten.
Die andern sind gesund zurückgekehrt …

Der Fragesteller fragt:

Das war der Krieg, den ihr gewannt.
Mehr war euch leider nicht beschieden.
Das war ein Krieg, den ihr gewannt.
Warum gewannt ihr nicht den Frieden?

Der Chronist antwortet:

Weil die Vernunft nicht allzu oft gewinnt!
Denn auch die Menschheit folgt Naturgesetzen.
Und ich befürchte, dass sie ewig sind.
Wer sie verbessern will, muss sie verletzen.

Man darf die Völker ins Verderben hetzen,
weil das den Regeln ihrer Welt entspricht.
Doch sich der Bosheit hilfreich widersetzen,
das darf man nicht!

Der Krieg war aus. Wir waren nichts mehr wert.
Wir hatten viel getan und nichts verwandelt.
Die Macht liebt den, der sie entehrt.
Und auch der Mensch liebt den, der ihn miss-
handelt.

Der Fragesteller behauptet:

Was euch misslang, wird uns gelingen.
Das Ziel, das wir erreichen werden, heißt:
Die Welt zu ihrem Glück zu zwingen!
Was sollen denn die Güte und der Geist,
wenn sich ihr Wesen nur an denen,
die selber gut und weise sind, erweist?

Das Glück der Welt, das wir so sehr ersehnen,
wird durch die Sehnsucht nicht erreicht.
Das Glück der Menschheit kostet Blut und Tränen!

Der Chronist resümiert:

Du liebst die Menschen nicht. Du hast es leicht.

Dem Revolutionär Jesus zum Geburtstag

Zweitausend Jahre sind es fast,
seit du die Welt verlassen hast,
du Opferlamm des Lebens!
Du gabst den Armen ihren Gott.
Du littest durch der Reichen Spott.
Du tatest es vergebens!

Du sahst Gewalt und Polizei.
Du wolltest alle Menschen frei
und Frieden auf der Erde.
Du wusstest, wie das Elend tut,
und wolltest alle Menschen gut,
damit es schöner werde!

Du warst ein Revolutionär
und machtest dir das Leben schwer
mit Schiebern und Gelehrten.
Du hast die Freiheit stets beschützt
und doch den Menschen nichts genützt.
Du kamst an die Verkehrten!

Du kämpftest tapfer gegen sie
und gegen Staat und Industrie
und die gesamte Meute.
Bis man an dir, weil nichts verfing,

Justizmord, kurzerhand, beging.
Es war genau wie heute.

Die Menschen wurden nicht gescheit.
Am wenigsten die Christenheit,
trotz allem Händefalten.
Du hattest sie vergeblich lieb.
Du starbst umsonst. Und alles blieb
beim Alten.

Stimmen von der Galerie

Im November 1948 ereignete sich während einer Sitzung der UNO-Delegierten im Pariser Trocadero ein seltsamer Zwischenfall. Es war übrigens der erste Zwischenfall, der nicht von den Delegierten höchstselbst, sondern von einigen Tribünenbesuchern angezettelt wurde. Also von nichtsnutzigen Müßiggängern, die von der Galerie aus den weisen Baumeistern des Weltstaates zusahen und zuhörten und die dann, als sei ihnen Hören und Sehen vergangen, gegen alle Regeln der Geschäftsordnung in die Debatte eingriffen. Es handelte sich um etwa dreißig junge Leute, und sie riefen plötzlich unter der Chorleitung eines großen blonden Mannes den ehrwürdigen Herren drunten im Saale zu: »Schluss mit der Komödie!« Sie schrien: »Es ist ein Skandal, wie hier gearbeitet wird!« Sie brüllten: »Wir haben genug von eurem Café Trocadero!«

Wer um alles in der ganzen Welt waren diese Schreier? Chauvinistische Jugend? Jeunesse dorée? Gaullisten? Gaulisten? Faschistische Wüteriche? Etliche unter den ungebärdigen Burschen zerrissen ihre Pässe und warfen die Fetzen auf die ehrwürdigen Häupter der erstaunten und gekränkten Delegierten. Zerreißen Jungnationalisten ihre Pässe? Dergleichen entspricht eigentlich nicht ihren Gepflogenheiten …

Es waren keine Nationalisten. Den Weltbaumeistern,

die sich ärgerlich umwandten und zur Galerie hinaufblickten, blieb verblüfft der Mund offen. Sie erkannten den großen blonden Mann! Und die Polizisten, die kurz darauf ihn und die übrigen Weltfriedensstörer verhafteten und abführten, erkannten ihn auch! Sie hatten schon mehrfach mit diesem unbequemen Menschen zu tun gehabt. Eines schönen Tages hatte er, vor Monaten, auf dem UNO-Gelände am Eiffelturm sein Feldbett aufgeschlagen. Ein lästiger, ein außerordentlich lästiger Ausländer, der den Polizisten und Journalisten rundheraus erklärt hatte, er sei weder Aus- noch Inländer, sondern etwas völlig Neuartiges. Er, Garry Davis aus den USA, sei Weltbürger. Er sei der Weltbürger Nummer Eins.

Merkwürdig an dem Vorfall ist natürlich nicht, dass Garry Davis mit seinen Kumpanen verhaftet und aus dem Saal entfernt wurde. Wer demonstriert, stört. Wer stört, wird von den Hütern der Ordnung ein bisschen eingesperrt. Es gehört zu den Spielregeln. Demonstranten wissen das. Sie haben damit zu rechnen, und sie rechnen damit. Merkwürdig ist etwas anderes. Merkwürdig ist, dass in dem Saale, in dem über Weltstaat, Weltfrieden und Weltpolizei diskutiert wurde, Menschen demonstrierten, die genau den gleichen Zielen entgegeneifern.

Oder – ist es gar nicht so merkwürdig?

Als Davis und seine französischen Freunde »Schluss mit der Komödie!« riefen, kritisierten sie nicht die Sache, nicht die Ziele, sondern die Methoden. Sie demonstrierten um der Sache willen, die ihnen am Herzen liegt. »Es ist ein Skandal, wie hier gearbeitet wird!« schrien sie, und sie dachten dabei an die krampfhaften Anstrengungen der Diplomaten, die Souveränität ihrer Staaten zu erhalten, statt sie im Interesse der »Vereinigten Nationen« schrittweise aufzugeben. Sie dachten an das spitzfindige Getue um die Atombombe. Sie dachten an die Friedensschalmeien auf den Konferenzen und an die Wiederaufrüstung in den Ländern. Sie dachten, als sie von französischen Polizisten arretiert wurden, an die Weltpolizei. Sie dachten an das chinesische Volk. Sie dachten an die Berliner Bevölkerung. Und sie mochten wohl auch denken: »Wenn der Weltstaat auf diese Weise zustande kommt, haben wir zwar den letzten Weltkrieg hinter uns, aber den ersten Welt-Bürgerkrieg vor uns!« Es war nahezu konziliant, dass sie: »Schluss mit der Komödie!« riefen. »Tragikomödie« hätte besser gepasst. Die Staaten sollen, zu Nutz und Frommen ihrer Bürger, Harakiri begehen. Sie haben sich prinzipiell dazu bereit erklärt. Doch so oft sie auf das kitzlige Thema zu sprechen kommen, sagt jeder zum andern: »Bitte, nach Ihnen!« Das ist ebenso höflich wie sinnlos. Garry Davis und allen übrigen einzelnen, denen das Menschheitsbegehren nach Schlichtung und Frieden teuer ist, reißt die Geduld. Sie zerreißen ihre Pässe. Dreißig Franzosen wurden mit Davis verhaftet. Zwanzig Hamburger teilten demselben Davis neulich mit, dass auch sie Weltbürger geworden seien. Henry Martyn Noel aus USA verzichtete »auf jede Staatsbürgerschaft überhaupt« und kam nach Deutschland, um als Staatenloser beim Aufbau mitzuhelfen. Eine deutsche Gruppe, deren Wortführer, Stefan Zickler, in Bad Nauheim ansässig ist, erklärt in einem »Weltbürgerschaft« überschriebenen Manifest: »Wir sind der Ansicht, dass die Mehrheit aller Menschen einen Zusammenschluss wünscht. Alle Widerstände gehen von kleinen, aber starken Minderheiten aus, die als Interessengruppen, Parteien oder Politiker überholte Rechte erhalten oder Sonderwünsche berücksichtigt wissen wollen ... Wir sind als Weltbürger der Ansicht, dass die Menschenrechte oft genug proklamiert und debattiert wurden und dass es an der Zeit ist, endlich eines der Rechte – das Recht der Freizügigkeit für alle – auch zu verwirklichen. Regierungen und Organisationen sind bisher gescheitert. Jetzt soll jeder selbst entscheiden; wir fordern als Weltbürger die Anerkennung von Weltbürgerpässen als Personalausweis, Pass und Visum. Die Grenzen müssen fallen.«

Die Stimmen von der Galerie mehren sich. Noch werden die Rufer als Demonstranten verhaftet und als Sektierer belächelt. Das müsste nicht so bleiben. Die Zahl der Stimmen entscheidet. Viele Millionen Bewohner eines Landes, das uns sehr am Herzen liegt, könnten sich zum Weltbürgertum bekennen. Sie brauchten nicht einmal ihre Pässe zu zerreißen. Sie haben nämlich keine.

1. Die Glosse erschien 1949. Mittlerweile haben nun auch wir wieder Pässe.
2. Garry Davis ist nach USA heimgekehrt und Herausschmeißer in einem Nachtklub geworden.
3. Man sieht: Mit der Zeit renkt sich alles ein.

Monolog des Blinden

Alle, die vorübergehn,
gehn vorbei.
Sieht mich, weil ich blind bin, keiner stehn?
Und ich steh seit drei …

Jetzt beginnt es noch zu regnen!
Wenn es regnet, ist der Mensch nicht gut.
Wer mir dann begegnet, tut
so, als würde er mir nicht begegnen.

Ohne Augen steh ich in der Stadt.
Und sie dröhnt, als stünde ich am Meer.
Abends lauf ich hinter einem Hunde her,
der mich an der Leine hat.

Meine Augen hatten im August
ihren zwölften Sterbetag.
Warum traf der Splitter nicht die Brust
und das Herz, das nicht mehr mag?

Ach, kein Mensch kauft handgemalte
Ansichtskarten, denn ich hab kein Glück.
Einen Groschen, Stück für Stück!
Wo ich selber sieben Pfennig zahlte.

Früher sah ich alles so wie Sie:
Sonne, Blumen, Frau und Stadt.
Und wie meine Mutter ausgesehen hat,
das vergess ich nie.

Krieg macht blind. Das sehe ich an mir.
Und es regnet. Und es geht der Wind.
Ist denn keine fremde Mutter hier,
die an ihre eignen Söhne denkt?
Und kein Kind,
dem die Mutter etwas für mich schenkt?

Zitat aus großer Zeit

(Etwas für Stammtische)

Ein Pastor, der in der Heimat klebte,
sagte seinerzeit ungefähr:
»Wenn unser Herr Jesus heute lebte,
bediente er ein Maschinengewehr!«

Kann keiner des Pastors Adresse besorgen?
Weiß sie denn niemand? Wo wohnt der Mann?
Wenn ich es wüsste – ich führe noch morgen
zu ihm und böte ihm Ohrfeigen an.

Wir müssten Kette vor seinem Haus stehn!
Hier unsre Hände, dort sein Gesicht.
Sie können meinen Vorschlag nicht ausstehn?
Er ist nicht fein? Nein, fein ist er nicht.

*

Sie glauben, der Ausspruch sei nie gefallen,
sondern erfunden oder entstellt?
Das Schlimmste an diesen Zitaten allen
ist, dass man sie für möglich hält.

Friedensgas

Das Militärkomitee der Abrüstungskommission hat schon die entzückendsten Einfälle gehabt. Man kann beinahe sagen: Sobald die Militärs in Genf zu denken anfangen, haben die andern etwas zu lachen. Doch kein Mensch wird diesen Offizieren ihre Spaßhaftigkeit ernstlich verübeln. Erstens ist Lachen gesund. Und zweitens sind diese Völkerbunds-Majore in einer verzweifelten Situation: Sie wurden nach Genf berufen, um für ihren Beruf Todesurteile zu formulieren. Das ist eine böse Zumutung! Wenn einem Direktor gesagt würde: »Organisieren Sie, bitte, Ihren Betrieb so um, dass wir Sie entlassen können«, – es wäre dasselbe.

So ist es fast verständlich, dass die Militärs in Genf die seltsamsten Vorschläge machten und dass ihre Tätigkeit, die der Abrüstung gelten soll, eher deren Hintertreibung erstrebt. Das Wort von der »Abrüstungskomödie« bezog sich lediglich auf sie, keineswegs auf den Gesamtprozess. Denn es darf nicht vergessen werden, dass neben dem militärischen eine Reihe anderer Komitees bestehen und dass alle von der Kommission abhängen. Die militärischen Intermezzi dienen gewiss nicht zur Beschleunigung des Abrüstens; aber ihre Einfälle bedeuten auch keine direkte Gefährdung des Plans. Man braucht die Militärs als Fachleute; auf irgendwelchen Pazifismus von ihrer Seite kann man zur Not verzichten. Er wäre ja doch nicht echt.

Im November sollen die Vorberatungen der Offiziere zu Ende gehen. Nach sechs Monaten nicht eigentlich ersprießlicher Arbeit. Dieser Tage haben die Militärs noch einmal einen Vorschlag eingebracht, der kopfschüttelnde Heiterkeit garantiert. Die uniformierten Vertreter Frankreichs, Polens und der Kleinen Entente haben – aus Furcht vor der östlichen Dampfwalze – den Wunsch geäußert: dass, im Fall einer vertragswidrigen Offensive, die übrigen Völkerbundstaaten den Verbrecherstaat mit allen Mitteln ihrer chemischen Industrie überfallen sollen.

Kürzer ausgedrückt: der Völkerbund soll den Gaskrieg zur Befreiung Europas kodifizieren. Die Offiziere scheinen zu glauben, der Völkerbund habe die Aufgabe, den Krieg zu vervollkommnen; er sei eine Schießschule und keine Organisation des Friedens. – Sie sollen über die Abrüstung nachdenken, und sie lösen statt dessen Giftgasprobleme! Ihre Gehirne sind wie ihr Beruf strukturiert: vorgestrig, rüstungsliebend. Ihre Methode der Prophylaxe: Rüsten, damit der andere keinen Krieg wagt – sie hat die Welt oft genug unter Blut gesetzt. Vor dieser Methode schaudern die Völker noch heute. Und hoffentlich für immer.

Doch man soll den Militärs nicht zürnen. Ihr Einfall wird nicht ernst genommen. – Man kann sie ein wenig begreifen und sich dabei des Sprichworts erinnern, das beinahe hierher gehört. Es heißt: »Man kann vom Büffel nichts weiter als Rindfleisch verlangen.«

TEIL III: Aufrufe

Der tägliche Kram

Nun ist es ungefähr ein Jahr her, dass würdig aussehende Männer in mein Zimmer traten und mir antrugen, die Feuilletonredaktion einer Zeitung zu übernehmen. Da erinnerte ich mich jener Studentenjahre, die ich auf einem Redaktionsstuhl verbracht und nach deren Ablauf ich mir hoch und heilig geschworen hatte, es ganz bestimmt nicht wieder zu tun. Denn zum Abnutzer von Büromöbeln muss man geboren sein, oder man leidet wie ein Hund. Es gibt nun einmal Menschen, für welche die gepriesene Morgenstunde weder Gold noch Silber im Munde hat. Man kann von ihnen fordern, dass sie hundert Stunden am Tage arbeiten statt acht – wenn man sie nur morgens im Bett lässt. Und sie schuften tausendmal lieber zu Hause, statt hinterm Schalter mit dem Butterbrotpapier zu rascheln. Wie oft passte mich der Herr Verlagsdirektor ab, wenn ich, statt um neun, gegen elf anrollte! Mit welch bitterem Genuss zog er die goldene Repetieruhr aus der Westentasche, obwohl ja die Korridoruhr groß genug war! Wie vitriolsüß war seine Stimme, wenn er, nach einem kurzen Blick auf dic Taschenuhr, sagte: »Mahlzeit, Herr Kästner!« Der Mann wusste genau, dass ich länger, schneller und gewissenhafter arbeitete als andere. Trotzdem verbreitete er die Ansicht, dass ich faul sei. Ihm lag nichts an den drei Stunden, die ich abends länger im Büro saß; und an den Nachtstunden, in denen ich für sein Blatt Artikel schrieb, lag ihm schon gar nichts. Er wollte nur eins von mir: Pünktlichkeit! Er war unerbittlich wie ein Liebhaber, der seiner innig geliebten blauäugigen Blondine einen einzigen Vorwurf macht: dass sie keine Brünette mit Haselnussaugen ist! Es war kein Vergnügen. Für mich nicht. Und für ihn auch nicht. Aber er hatte doch wenigstens einen schwachen Trost: Er war im Recht! Dieser meiner prähistorischen Büroschemelepoche entsann ich mich also, als mir vor einem Jahr würdig aussehende Männer eine Feuilletonredaktion antrugen. Und an noch etwas anderes dachte ich. Daran, dass ich zwölf Jahre lang auf den Tag gewartet hatte, an dem man zu mir sagen würde: »So, nun dürfen Sie wieder schreiben!« Stoff für zwei Romane und drei Theaterstücke lag in den Schubfächern meines Gehirns bereit. Zugeschnitten und mit allen Zutaten. Der bewusste Tag war da. Ich konnte mich aufs Land setzen. Zwischen Malven und Federnelken. Wenn ich auch recht gerupft und abgebrannt aus der »großen Zeit« herausgekommen war. Papier und Bleistifte hatte ich noch und, was die Hauptsache war, meinen Kopf! Herz, was willst du mehr? Jetzt konnte ich, wenn ich nur wollte, mit Verlegervorschüssen wattiert durch die Wälder schreiten, sinnend an Grashalmen kauen, die blauen Fernen bewundern, nachts dichten, bis der Bleistift glühte, und morgens so lange schlafen, wie ich wollte. Was tat ich statt dessen? Die würdig aussehenden Männer sahen mich fragend an, und ich Hornochse sagte kurz entschlossen: »Ja.« Wer, wenn er bis hierher gelesen hat, bei sich denkt: »Herrje, ist der Kerl eingebildet!«, hat mich nicht richtig verstanden. Ich habe die Geschichte eigentlich aus einem anderen Grunde erzählt. Ich wollte darlegen, dass mich meine Neigung dazu trieb, Bücher zu schreiben und im Übrigen den lieben Gott einen verhältnismäßig frommen Mann sein zu lassen. Und dass ich das genaue Gegenteil tat, dass ich nun in einem fort im Büro sitze, am laufenden Band Besuche empfange, redigiere, konferiere, kritisiere, telefoniere, depeschiere, diktiere, rezensiere und schimpfiere. Dass ich seitdem, abgesehen vom täglichen Kram, noch nicht eine Zeile geschrieben habe. Dass ich, zum Überfluss, ein literarisches Kabarett gründen half und für den dortigen »Sofortbedarf« Chansons, Lieder und Couplets fabriziere. Dass ich mein Privatleben eingemottet habe, nur noch schlückchenweise schlafe und an manchen Tagen aussehe, als sei ich ein naher Verwandter des Tods von Basel. Warum rackere ich mich ab, statt, die feingliedrigen Händchen auf dem Rücken verschlungen, »im Walde so für mich hin« zu gehen? Weil es nötig ist, dass jemand den täglichen Kram erledigt, und weil es zu wenig Leute gibt, dic es wollen und können. Davon, dass jetzt die Dichter dicke Kriegsromane schreiben, haben wir nichts. Die Bücher werden in zwei Jahren, falls dann

Papier vorhanden ist, gedruckt und gelesen werden, und bis dahin – ach du lieber Himmel! –, bis dahin kann der Globus samt Europa, in dessen Mitte bekanntlich Deutschland liegt, längst zerplatzt und zu Haschee geworden sein. Wer jetzt beiseite steht, statt zuzupacken, hat offensichtlich stärkere Nerven als ich. Wer jetzt an seine Gesammelten Werke denkt statt ans tägliche Pensum, soll es mit seinem Gewissen ausmachen. Wer jetzt Luftschlösser baut, statt Schutt wegzuräumen, gehört vom Schicksal übers Knie gelegt. Das gilt übrigens nicht nur für die Schriftsteller.

Knigge für Unbemittelte

Ans deutsche Volk, von Ulm bis Kiel:
Ihr esst zu oft! Ihr esst zu viel!
Ans deutsche Volk, von Thorn bis Trier:
Ihr seid zu faul! Zu faul seid ihr!

Und wenn sie euch den Lohn entzögen!
Und wenn der Schlaf verboten wär!
Und wenn sie euch so sehr belögen,
dass sich des Reiches Balken bögen!
Seid höflich und sagt Danke sehr.

Die Hände an die Hosennaht!
Stellt Kinder her! Die Nacht dem Staat!
Euch liegt der Rohrstock tief im Blut.
Die Augen rechts! Euch geht's zu gut.

Ihr sollt nicht denken, wenn ihr sprecht!
Gehirn ist nichts für kleine Leute.
Den Millionären geht es schlecht.
Ein neuer Krieg käm ihnen recht.
So macht den Ärmsten doch die Freude!

Ihr seid zu frech und zu begabt!
Seid taktvoll, wenn ihr Hunger habt!
Rasiert euch besser! Werdet zart!
Ihr seid kein Volk von Lebensart.

Und wenn sie euch noch tiefer stießen
und würfen Steine hinterher!
Und wenn sie euch verhaften ließen
und würden nach euch Scheibe-schießen!
Sterbt höflich und sagt Danke sehr.

Gegen den Krieg in Vietnam

Zur Münchener Demonstration am 15. März 1968

Im November 1945 begannen in Nürnberg die Kriegsverbrecherprozesse. Nachdem ich am ersten Prozesstage teilgenommen hatte, schrieb ich am 22. November 1945 in der »Neuen Zeitung« u. a.:

»Man wird die Verantwortlichen zur Verantwortung ziehen. Ob es gelingt? Und dann: es darf nicht nur diesmal gelingen, sondern in jedem künftigen Falle! Dann könnte der Krieg aussterben. Wie die Pest und die Cholera. Und die Verehrer und Freunde des Krieges könnten aussterben. Wie die Bazillen. Und spätere Generationen könnten eines Tages über die Zeiten lächeln, da man einander millionenweise totschlug. Wenn es doch wahr würde! Wenn sie doch eines Tages über uns lächeln könnten!«

Soweit das Zitat aus dem Jahre 1945. Jetzt schreiben wir 1968. Aus der Hoffnung, man könne eines Tages, z. B. heutzutage, über die Sünde und Schande von damals lächeln, ist nichts geworden. Die Zukunft hat wieder einmal nicht begonnen. Die Zukunft wurde wieder einmal vertagt.

Sorgen Sie weiter dafür, dass sie auf der Tagesordnung bleibt! Der gesunde Menschenverstand ist nicht der Hanswurst der Politik. Die Humanität ist nicht der dumme August der Geschichte.

Mein Wunsch lautet: Bleiben Sie vernünftig und unerbittlich! Und dieser Wunsch gilt auch in der Umkehrung: Bleiben Sie unerbittlich und vernünftig!

Ostermarsch 1961

Ansprache auf dem Königsplatz in München

Das Kuratorium für den diesjährigen Ostermarsch hat mich gebeten, die süddeutsche Marschgruppe und die übrige Versammlung hier in München zu begrüßen, und ich habe ohne Zögern zugesagt. Mit schlechtem Gewissen nur insofern, als ich mich, wie ich weiß und Sie bald gemerkt haben werden, zum Versammlungsredner nicht eigne. Doch wenigstens in *einem* Punkte möchte ich hinter versierten Rednern nicht zurückstehen: Ich werde mit einem Goethe-Zitat beginnen, und zwar mit dem Zwiegespräch zweier selbstzufriedner Bürger in jener Szene aus dem »Faust«, die gemeinhin »Der Osterspaziergang« genannt wird. Da sagt der eine Bürger: »Nichts Bessers weiß ich mir an Sonn- und Feiertagen / Als ein Gespräch von Krieg und Kriegsgeschrei, / Wenn hinten, weit, in der Türkei, / Die Völker aufeinanderschlagen. / Man steht am Fenster, trinkt sein Gläschen aus / Und sieht den Fluß hinab die bunten Schiffe gleiten; / Dann kehrt man abends froh nach Haus / Und segnet Fried und Friedenszeiten.« Und der andre Bürger, dem das aus der Seele gesprochen ist, antwortet: »Herr Nachbar, ja! so laß ichs auch geschehn; / Sie mögen sich die Köpfe spalten, / Mag alles durcheinandergehn; / Doch nur zu Hause bleibs beim alten!«

Der Unterschied zwischen Osterspaziergängen, so beliebt sie noch immer sind, und den neumodischen Ostermärschen in England, in Dänemark, bei uns und anderswo mag groß sein. Doch der Unterschied zwischen dem gemütlichen Köpfespalten »hinten, weit, in der Türkei« und der Kernspaltung ist noch ein bißchen größer. Warum marschieren denn Sie, die das Marschieren verabscheuen? Warum wohl setzt sich Bertrand Russell, der Mathematiker, Nobelpreisträger und Philosoph, achtundachtzig Jahre alt, im Schneidersitz demonstrativ vors englische Verteidigungsministerium? Weil ihm und Ihnen und uns allen keine hübschere Art der »Freizeitgestaltung« einfiele? Wir bedienen uns der Demonstration als eines demokratischen Mittels, die Regierungen und Parlamente an ihre Pflicht zu erinnern. Was werfen wir den Wichtigtuern und Tüchtigtuern demonstrativ vor? Lassen wir die großen Vokabeln getrost aus dem Spiel! Reden wir nicht von »Verrat am Christentum« und ähnlich massiven Gegenständen. Wir sind ja keine pathetische Sekte, sondern nüchterne Leute. Deshalb werfen wir ihnen zweierlei vor: Mangel an Phantasie und Mangel an gesundem Menschenverstand. Ihr Mut und ihre Vorstellungen stammen aus Großmutters Handkörbchen. Ost und West spielen einen Dauerskat mit Zahlenreizen, als ginge es um die Achtel. Aber es geht ums Ganze!

Ich versage es mir, mich über die zwei Mangelkrankheiten zu verbreiten, woran die einen leiden und an denen alle anderen sterben könnten. Ich möchte Ihnen stattdessen vorlesen, was ein berufener Mann geschrieben hat. Ein Mann mit Phantasie und gesundem Menschenverstand, der außerdem, im Gegensatz zu mir, ein Fachmann ist. Ich meine Carl Friedrich von Weizsäcker, den in Hamburg lebenden und lehrenden Atomphysiker und Philosophen. Er schreibt im Taschenbuch »Kernexplosionen und ihre Wirkungen«, dessen Vorwort am 18. März, also vor rund vierzehn Tagen, in der Zeitung »Die Welt« abgedruckt worden ist: »Entweder wird das technische Zeitalter den Krieg abschaffen, oder der Krieg wird das technische Zeitalter abschaffen ... Die Entwicklung des technischen Zeitalters ist dem Bewußtsein des Menschen davongelaufen. Wir denken und handeln von Begriffen aus, die früheren Zuständen der Menschheit angemessen waren, den heutigen aber nicht. Wir könnten uns wahrscheinlich sehr viele überflüssige Anstrengungen ersparen, wenn wir etwas mehr Zeit und Kraft darauf verwendeten, uns die Lebensbedingungen unserer Welt in aller Ruhe klarzumachen ... Beim Versuch einer sorgfältigen Abschätzung bin ich zu der Vermutung gekommen, daß ein Atomkrieg (mit vollem Einsatz der existierenden Waffen) vielleicht 700 Millionen Menschen töten würde, darunter den größeren Teil der Bevölkerung der Großmächte, die heute als Träger dieses Krieges allein in Betracht kommen. Er würde wahrscheinlich einige weitere hundert Millionen mit schweren Strahlen- und Erbschäden zurücklassen. Bedenkt man die wahrscheinliche Wirkung eines solchen Vorgangs auf die Überlebenden, so wird man wohl vermuten müssen, daß sie bereitwären, zu jedem Mittel zu greifen, das die Wiederholung einer solchen Katastrophe zu verhindern verspräche. Vermutlich unterwürfen sie sich also einer Weltdiktatur, als deren Träger dann beim Kräfteverhältnis nach der weitgehenden Zerstörung der hochindustrialisierten Weltmächte Amerika und Rußland am ehesten China in Betracht käme. Wer das durchdenkt, wird überzeugt sein, daß dieses Unglück vermieden werden muß, soweit das überhaupt in menschlichen Kräften steht. Er wird insbesondere erkennen, daß die Kultur und die bürgerliche Freiheit, die wir ja doch zu schützen wünschen, durch jenen Krieg aller Voraussicht nach zerstört werden würden! … Die Zukunft jeder einzelnen Nation wird davon abhängen, daß sich in jeder einzelnen Nation Menschen finden, die begreifen, daß Souveränität im alten Sinn heute unmöglich ist. Zu dem Mißverstehen der Weltlage erscheinen mir die vielfach sich regenden Wünsche nach einer nationalen Atomrüstung zu gehören.«

So weit Carl Friedrich von Weizsäcker. Ein Fachmann. Ein Mann mit gesundem Menschenverstand. Und ein Mann mit Phantasie, die nicht das mindeste mit Phantasterei zu schaffen hat. Ich muss gestehen, dass mir einige seiner Sätze den Atem verschlagen haben.

Nicht seine Schätzung, ein solcher Atomkrieg werde an Toten und Verseuchten etwa eine Milliarde Menschen kosten. Ähnliche Ziffern haben auch andere Fachleute genannt. Auch seine Erwartung, Amerika und Russland würden im Doppelselbstmord enden, mitsamt den Gernegroßmächten in beiden Lagern, teilen wir ja seit langem. Was mir den Atem benahm, war Weizsäkkers Schlussfolgerung. Mich erregte die Konsequenz. Mich überwältigte die Logik seiner Phantasie. Viele unter uns, auch ich, haben immer nur das gigantische Leichenfeld vor Augen gesehen, aber niemals den gigantischen Erben! China! Das immense Land! Das riesige Volk! Und dessen Regierung, die Russland immer wieder zum harten Kurs gegen Amerika auffordert!

Phantasie? Nur Phantasie? Nun, diese Phantasie eines deutschen Atomphysikers ist tausendmal realistischer als der Routinetraum deutscher Generäle, Westdeutschland, wenn nicht gar die westliche Welt bei Hof und Helmstedt mit taktischen Atomwaffen zu retten. Die Herren haben bekanntlich den Ersten und den Zweiten Weltkrieg gewonnen. Denn wo nähmen sie sonst die großen Worte her? Welches Argument könnten sie sonst für ihre dritte Siegeszuversicht ins Treffen führen? Ins Atomtreffen? Ich wüsste keines.

Trotz solcher Sorge, verstärkt durch die Besorgnis, die SPD könne eines Tages in die CDU eintreten, haben wir einen neuen Grund zur Hoffnung. Denn in Washington ist, im Zusammenhang mit der unsinnigen Formel, Kriege ließen sich durch Aufrüstung verhindern, ein für Militärtheoretiker ungewöhnliches Wort gefallen: das Wort »Zufall«! Man hat zwar die alte Formel nicht zum alten Eisen geworfen. Man hat aber verlautbart, dass sie per Zufall ungültig werden könne, und je größer der »Atomclub« werde, umso größer werde die tödliche Gefahr des Zufalls. Den Gegnern der Atomrüstung hat man damit nichts Neues erzählt. Wir haben schon immer gemeint, ein Pilot oder wer immer brauche nicht nur deswegen wahnsinnig zu werden, weil er am Abwurf einer Atombombe schuld ist, sondern auch, weil er die Macht hätte, sie abzuwerfen, jedoch nicht die Erlaubnis hierfür, und dass er gerade deshalb auf den Zauberknopf drücken werde.

Vor ein paar Tagen, am 28. März, hat sich die Frankfurter Allgemeine Zeitung im Leitartikel ihres Militärsachverständigen zum Thema geäußert. Herr Weinstein schreibt: »Offiziell setzt sich Washington weiter für die Abschreckungstheorie ein; aber es ist auch bekannt, daß namhafte Militärtheoretiker die These vertreten, mit der Abschreckung allein ließe sich ein Krieg keineswegs mehr verhindern.« Dann kommt er auf Henry Kissinger, einen wichtigen Berater des Präsidenten, zu sprechen, und damit auf »eine Regierung, die nicht felsenfest davon überzeugt ist, daß das Gleichgewicht des gegenseitigen Terrors den Schrecken für alle verhindern kann … Die Gefahren sehen Kissinger und die ihm verwandten Geister« – damit wird natürlich nicht zuletzt auf Kennedy angespielt – »in der Möglichkeit, daß ein großer Krieg durch Zufall ausbräche.«

Wenn eine der zwei Atom-Großmächte im Hinblick aufs Jüngste Gericht der Technik das Wort von der zunehmenden Möglichkeit des puren »Zufalls« öffentlich gebraucht, so kann sie dieses Wort nie wieder zurücknehmen. Vor ihrer Nation nicht. Vor keiner Nation, und nicht vor der Geschichte. Man muss in Washington wissen, was man, vernünftigerweise, angerichtet hat, und ich glaube, man wird wissen, dass man in Moskau neuerdings nicht anders, sondern genau so denkt. Sollten sich, vom Worte »Zufall« angeregt, die beiden Zauberlehrlinge ehrlich auf den Spruch besinnen, der allein aus dem Teufelskreis herausführen kann? Sollten sie, wie der deutsche Atomphysiker aus Hamburg, an die Zeit nach der Katastrophe denken? Zum Beispiel an die chinesische Erbschaft? Sollten sie rechtzeitig den gesunden Menschenverstand, die Phantasie und den Mut aufbringen, zu den Atombomben und deren Generalvertretern zu sagen: »Besen! Besen! / Seids gewesen!«?

Das ist ein kleiner Lichtblick, aber noch kein Anlass zu einem feierlichen Dankgebet, zu einem bundesdeutschen Dankgebet schon gar nicht. Unsere Heerführer und deren Wortführer marschieren, wie Kinder nun einmal sind, munter Trompete blasend an der Tête der amerikanischen Wachtparade immer geradeaus. Sie merken in ihrem Feuereifer, in ihrem Atomfeuereifer, gar nicht, dass die Wachtparade um die Ecke biegen will. Dass sie womöglich schon um die Ecke gebogen ist. Werden sich die Kinder umdrehen? Und werden sie sich dann – umschauen?

Es ist ein kleiner Lichtblick, mehr nicht. Immerhin, das Wort Zufall ist nicht zurückzunehmen. Es steht in Feuerschrift an der Wand, unauslöschbar, ein mächtiges Hilfszeitwort für unsere Sache. Unser friedlicher Streit für den Frieden geht weiter. Im Namen des gesunden Menschenverstands und der menschlichen Phantasie. Resignation ist kein Gesichtspunkt!

Marschliedchen

Ihr und die Dummheit zieht in Viererreihen
in die Kasernen der Vergangenheit.
Glaubt nicht, dass wir uns wundern, wenn ihr
schreit.
Denn was ihr denkt und tut, das ist zum Schreien.

Ihr kommt daher und lasst die Seele kochen.
Die Seele kocht, und die Vernunft erfriert.
Ihr liebt das Leben erst, wenn ihr marschiert,
weil dann gesungen wird und nicht gesprochen.

Marschiert vor Prinzen, die erschüttert weinen:
Ihr findet doch nur als Parade statt!
Es heißt ja: Was man nicht im Kopfe hat,
hat man gerechterweise in den Beinen.

Ihr liebt den Hass und wollt die Welt dran messen.
Ihr werft dem Tier im Menschen Futter hin,
damit es wächst, das Tier tief in euch drin!
Das Tier im Menschen soll den Menschen fressen.

Ihr möchtet auf den Trümmern Rüben bauen
und Kirchen und Kasernen wie noch nie.
Ihr sehnt euch heim zur alten Dynastie
und möchtet Fideikommissbrot kauen.

Ihr wollt die Uhrenzeiger rückwärtsdrehen
und glaubt, das ändere der Zeiten Lauf.
Dreht an der Uhr! Die Zeit hält niemand auf!
Nur eure Uhr wird nicht mehr richtiggehen.

Wie ihr's euch träumt, wird Deutschland nicht
erwachen.
Denn ihr seid dumm und seid nicht auserwählt.
Die Zeit wird kommen, da man sich erzählt:
Mit diesen Leuten war kein Staat zu machen!

Freiheit und Frieden

Über die Ziele des PEN-Clubs

[...] Mehr als fünfzig nationale Zentren gehören dem Internationalen PEN an, und jedes Jahr treffen sich zwei- bis dreihundert Delegierte, und jedes Jahr in einem anderen Gastlande, zu dem vom Exekutivkomitee sorgfältig vorbereiteten einwöchigen Kongress. Man diskutiert literarische Themen und berät in den Delegiertensitzungen Angelegenheiten des Klubs. Turbane, Sarongs, Kimonos und Tropenanzüge sind ebenso vertreten wie uns geläufigere Kopfbedeckungen und Trachten, und die europäischen und amerikanischen Schriftsteller sitzen zwischen und unterhalten sich mit den Kollegen aus Jamaika, Indien, Japan, Pakistan, Israel, Uruguay, Indonesien, Chile und der Türkei, als gäbe es unter Schriftstellern von einigem Rang, außer ihren Muttersprachen, keine nennenswerten Unterschiede. Und es gibt ja diese Unterschiede auch gar nicht, wenn ein gemeinsames Programm vorhanden ist!

Dass die Mitglieder als Schriftsteller qualifiziert, dass ihr Talent und ihre Leistung erwiesen sein müssen, ist eine Selbstverständlichkeit. Weit weniger selbstverständlich, umso wichtiger und deshalb so gründlich formuliert sind die kategorischen Gesichtspunkte für die Mitgliederauslese in ethischer Hinsicht. Wem die Mitgliedschaft angetragen wird, der muss sich durch seine Unterschrift unmissverständlich verpflichten, sein Talent niemals gegen, sondern immer für die Erhaltung zweier Werte einzusetzen, in Nichtachtung derer der Schriftsteller zum Staatstrompeter, zum Wortgärtner, zum Scharlatan oder zum geistigen Bandenführer wird. Die beiden Werte und Worte sind »Freiheit« und »Frieden«, – wir alle haben erfahren und erfahren täglich aufs neue, dass man diese Worte und Werte abnützt und mit Füßen tritt wie die Kokosmatten vor den Türflügeln der Konferenzsäle! In der PEN-Charter haben »Freiheit *und* Frieden« ihren alten und unveräußerlichen Sinn behalten.

Die Zumutungen unseres Zeitalters haben die Grenzen des Zumutbaren längst überschritten. Jene Vorgänge und Prozeduren, die man im Präsens »Politik« nennt und im Perfektum – im »Perfektum«, welch ein Hohn – »Geschichte«, sie haben dem 20. Jahrhundert den Un-Ehrentitel des »Jahrhunderts der Angst« eingetragen. Freilich, auch früher gab es Usurpation und Kerker, Verfolger und Verfolgte, Bedrohung und Flucht, Gewalt und Furcht, Fremde und Heimweh. Doch unserm Jahrhundert blieb es vorbehalten, die Barbarei zur Perfektion zu bringen.

Als im Dritten Reich die Bücher verbrannt und die Menschen verfolgt wurden, war der Internationale PEN die erste Organisation, die, lange vor den Staaten und der Kirche, den Kontakt demonstrativ unterbrach. Und nach dem Zusammenbruch war der Internationale PEN die erste Organisation, die uns wieder aufnahm. Beide Entschlüsse, an deren zweitem ich mithelfen durfte, fielen dem Kongress nicht etwa leicht; denn mögen die Ziele auch feststehen, so sind doch über den richtigen Weg Meinungsverschiedenheiten unvermeidlich, wenn die Vertreter von mehr als fünfzig Zentren darüber zu befinden haben.

Nun, der deutsche PEN in der Bundesrepublik steht gleichberechtigt und, mit nahezu hundert angesehenen Mitgliedern, durchaus ebenbürtig neben ihnen. Wir sind, einer neuen Klubregelung folgend, dazu übergegangen, auch bedeutende Gelehrte und Verleger aufzunehmen, und glauben, damit durchaus im Sinn und Interesse des PEN-Gedankens zu handeln. Ob Romancier oder Soziologe, ob Verleger oder Lyriker, ob Dramatiker oder Atomphysiker, jeder von uns nimmt die Gelegenheiten beim Schopfe, auf seine Weise für die Humanität zu wirken, und das Zugehörigkeitsgefühl zu einer fast über die ganze Erde verbreiteten internationalen Vereinigung ist dazu angetan, diese Wirksamkeit zu steigern. Der mögliche Einwand von Skeptikern, der geistige Mensch könne nichts tun, zielt an uns vorbei. Einwände solcher Art hat sich, in grauen Stunden, jeder unter uns wohl schon selber vorgelegt. Aber, meine Damen und Herren, Resignation ist kein Gesichtspunkt.

TEIL IV: Utopien (und eine Dystopie)

Fantasie von übermorgen

Und als der nächste Krieg begann,
da sagten die Frauen: Nein!
und schlossen Bruder, Sohn und Mann
fest in der Wohnung ein.

Dann zogen sie, in jedem Land,
wohl vor des Hauptmanns Haus
und hielten Stöcke in der Hand
und holten die Kerls heraus.

Sie legten jeden übers Knie,
der diesen Krieg befahl:
die Herren der Bank und Industrie,
den Minister und General.

Da brach so mancher Stock entzwei.
Und manches Großmaul schwieg.
In allen Ländern gab's Geschrei,
und nirgends gab es Krieg.

Die Frauen gingen dann wieder nach Haus,
zum Bruder und Sohn und Mann,
und sagten ihnen, der Krieg sei aus!

Die Männer starrten zum Fenster hinaus
und sahn die Frauen nicht an …

Das Märchen von der Vernunft

Es war einmal ein netter alter Herr, der hatte die Unart, sich ab und zu vernünftige Dinge auszudenken. Das heißt, zur Unart wurde seine Gewohnheit eigentlich erst dadurch, dass er das, was er sich jeweils ausgedacht hatte, nicht für sich behielt, sondern den Fachleuten vorzutragen pflegte. Da er reich und trotz seiner plausiblen Einfälle angesehen war, mussten sie ihm, wenn auch mit knirschenden Ohren, aufs geduldigste zuhören. Und es gibt gewiss für Fachleute keine ärgere Qual als die, lächelnden Gesichts einem vernünftigen Vorschlage zu lauschen. Denn die Vernunft, das weiß jeder, vereinfacht das Schwierige in einer Weise, die den Männern vom Fach nicht geheuer und somit ungeheuerlich erscheinen muss. Sie empfinden dergleichen zu Recht als einen unerlaubten Eingriff in ihre mühsam erworbenen und verteidigten Befugnisse. Was, fragt man sich mit ihnen, sollten die Ärmsten wirklich tun, wenn nicht sie herrschten, sondern statt ihrer die Vernunft regierte! Nun also.

Eines Tages wurde der nette alte Herr während einer Sitzung gemeldet, an der die wichtigsten Staatsmänner der Erde teilnahmen, um, wie verlautete, die irdischen Zwiste und Nöte aus der Welt zu schaffen. »Allmächtiger!«, dachten sie. »Wer weiß, was er heute mit uns und seiner dummen Vernunft wieder vorhat!« Und dann ließen sie ihn hereinbitten. Er kam, verbeugte sich ein wenig altmodisch und nahm Platz. Er lächelte. Sie lächelten. Schließlich ergriff er das Wort.

»Meine Herren Staatshäupter und Staatsoberhäupter«, sagte er, »ich habe, wie ich glaube, einen brauchbaren Gedanken gehabt, man hat ihn auf seine praktische Verwendbarkeit geprüft; ich möchte ihn in Ihrem Kreise vortragen. Hören Sie mir, bitte, zu. Sie sind es nicht mir, doch der Vernunft sind Sie's schuldig.« Sie nickten, gequält lächelnd, mit ihren Staatshäuptern, und er fuhr fort: »Sie haben sich vorgenommen, Ihren Völkern Ruhe und Frieden zu sichern, und das kann zunächst und vernünftigerweise, so verschieden Ihre ökonomischen Ansichten auch sein mögen, nur bedeuten, dass Ihnen an der Zufriedenheit aller Erdbewohner gelegen ist. Oder irre ich mich in diesem Punkte?«

»Bewahre!«, riefen sie. »Keineswegs! Wo denken Sie hin, netter alter Herr!« »Wie schön!«, meinte er. »Dann ist Ihr Problem gelöst. Ich beglückwünsche Sie und Ihre Völker. Fahren Sie heim, und bewilligen Sie aus den Finanzen Ihrer Staaten, im Rahmen der jeweiligen Verfassung und geschlüsselt nach Vermögen, miteinander einen Betrag, den ich genauestens habe errechnen lassen und zum Schluss nennen werde! Mit dieser Summe wird Folgendes geschehen: Jede Familie in jedem Ihrer Länder erhält eine kleine, hübsche Villa mit sechs Zimmern, einem Garten und einer Garage sowie ein Auto zum Geschenk. Und da hintendrein der gedachte Betrag noch immer nicht aufgebraucht sein wird, können Sie, auch das ist kalkuliert, in jedem Ort der Erde, der mehr als fünftausend Einwohner zählt, eine neue Schule und ein modernes Krankenhaus bauen lassen. Ich beneide Sie. Denn obwohl ich nicht glaube, dass die materiellen Dinge die höchsten irdischen Güter verkörpern, bin ich vernünftig genug, um einzusehen, dass der Frieden zwischen den Völkern zuerst von der äußeren Zufriedenheit der Menschen abhängt. Wenn ich eben sagte, dass ich Sie beneide, habe ich gelogen. Ich bin glücklich.« Der nette alte Herr griff in seine Brusttasche und zündete sich eine kleine Zigarre an.

Die übrigen Anwesenden lächelten verzerrt. Endlich gab sich das oberste der Staatsoberhäupter einen Ruck und fragte mit heiserer Stimme: »Wie hoch ist der für Ihre Zwecke vorgesehene Betrag?«

»Für *meine Zwecke?*«, fragte der nette alte Herr zurück, und man konnte aus seinem Ton ein leichtes Befremden heraushören.

»Nun reden Sie schon!«, rief das zweithöchste Staatsoberhaupt unwillig. »Wie viel Geld würde für den kleinen Scherz gebraucht?«

»Eine Billion Dollar«, antwortete der nette alte Herr ruhig. »Eine Milliarde hat tausend Millionen, und eine Billion hat tausend Milliarden. Es handelt sich um eine Eins mit zwölf Nullen.« Dann rauchte er wieder an seiner kleinen Zigarre herum.

»Sie sind wohl vollkommen blödsinnig!«, schrie jemand. Auch ein Staatsoberhaupt.

Der nette alte Herr setzte sich gerade und blickte den Schreier verwundert an. »Wie kommen Sie denn darauf?«, fragte er. »Es handelt sich natürlich um viel Geld. Aber der letzte Krieg hat, wie die Statistik ausweist, ganz genauso viel gekostet!«

Da brachen die Staatshäupter und Staatsoberhäupter in tobendes Gelächter aus. Man brüllte geradezu. Man schlug sich und einander auf die Schenkel, krähte wie am Spieß und wischte sich die Lachtränen aus den Augen.

Der nette alte Herr schaute ratlos von einem zum andern. »Ich begreife Ihre Heiterkeit nicht ganz«, sagte er. »Wollen Sie mir gütigst erklären, was Ihnen solchen Spaß macht? Wenn ein langer Krieg eine Billion Dollar gekostet hat, warum sollte dann ein langer Frieden nicht dasselbe wert sein? Was, um alles in der Welt, ist denn daran komisch?«

Nun lachten sie alle noch lauter. Es war ein rechtes Höllengelächter. Einer konnte es im Sitzen nicht mehr aushalten. Er sprang auf, hielt sich die schmerzenden Seiten und rief mit der letzten ihm zu Gebote stehenden Kraft: »Sie alter Schafskopf! Ein Krieg – ein Krieg ist doch etwas ganz anderes!«

Die Staatshäupter, der nette alte Herr und ihre lustige Unterhaltung sind völlig frei erfunden. Dass der Krieg eine Billion Dollar gekostet hat und was man sonst für denselben Betrag leisten könnte, soll, versicherte eine in der »Frankfurter Neuen Presse« zitierte amerikanische Statistik, hingegen zutreffen.

Brief an den Weihnachtsmann

Lieber, guter Weihnachtsmann,
weißt du nicht, wie's um uns steht?
Schau dir mal den Globus an.
Da hat einer dran gedreht.

Alle stehn herum und klagen.
Alle blicken traurig drein.
Wer es war, ist schwer zu sagen.
Keiner will's gewesen sein.

In den Straßen knallen Schüsse.
Irgendwer hat uns verhext.
Lass den Christbaum und die Nüsse
diesmal, wo der Pfeffer wächst.

Auch um Lichter wär es schade.
Hat man es dir nicht erzählt?
Und bring keine Schokolade,
weil uns ganz was andres fehlt.

Uns ist gar nicht wohl zumute.
Kommen sollst du, aber bloß
mit dem Stock und mit der Rute.
(Und nimm beide ziemlich groß.)

Breite deine goldnen Flügel
aus und komm zu uns herab.
Dann verteile deine Prügel.
Aber, bitte, nicht zu knapp.

Lege die Industriellen
kurz entschlossen übers Knie.
Und wenn sie sich harmlos stellen,
glaube mir, so lügen sie.

Ziehe denen, die regieren,
bitteschön, die Hosen stramm.
Wenn sie heulen und sich zieren,
zeige ihnen ihr Programm.

Und nach München lenk die Schritte,
wo der Hitler wohnen soll.
Hau dem Guten, bitte, bitte,
den Germanenhintern voll!

Komm und zeige dich erbötig
und verhau sie, dass es raucht!
Denn sie haben's bitter nötig.
Und sie hätten's längst gebraucht.

Komm, erlös uns von der Plage,
weil ein Mensch das gar nicht kann.
Ach, das wären Feiertage,
lieber, guter Weihnachtsmann!

Es geht um die Kinder!

telegramm an alle welt: – . . – konferenz im hochhaus der tiere eröffnet – . . – alle delegierten pünktlich eingetroffen – . . – mit kapstadter konferenz in rundfunkund fernsehverbindung – . . – es geht um die kinder! – . . – nicht siebenundachtzigster, sondern erster und letzter versuch der tiere aller zonen – . . – vernünftige einigung jetzt oder nie – . . – später zu spät – . . – wetter ausgezeichnet – . . –

Die Versammlung der Tiere im großen Verhandlungssaal des Hochhauses bot einen denkwürdigen Anblick. Die Raubvögel hockten auf Stangen. Die Affen saßen auf Schaukelstühlen, und der Orang-Utan paffte eine Zigarre. Die Fledermaus und der Fliegende Hund hingen kopfunter am Kronleuchter. Die Singvögel wiegten sich auf dem Geweih des Hirschs und den spitzen Hörnern der Antilope. Die Schlangen und Lurche lagen auf Teppichen. Der Skunk hatte aus den auf Seite 31 mitgeteilten Gründen am offenen Fenster Platz genommen. Die Fische drängten sich, großäugig und offnen Munds, hinter der hohen Glaswand des Bassins, das linker Hand den Saal abschloss. Das Marienkäferchen kauerte, weil es kurzsichtig war, zwischen Oskars Rüssel und der Präsidentenglocke auf dem langen, grün belegten Verhandlungstisch. Die Stille war so feierlich, dass das Kaninchen, weil der Floh auf dem Mandrill umherhüpfte, ärgerlich »Pst!« machte. Hoch in der Luft wehte das Spruchband »Es geht um die Kinder!«, und drunter saßen, frisch gewaschen und gekämmt, die fünf kleinen Ehrengäste. Auf den Lehnen ihrer Stühle schillerten bunte Schmetterlinge und Kolibris, und zu ihren Füßen spielten Mickymaus, Babar, Ferdinand, Reineke Fuchs, der Gestiefelte Kater und die anderen Bilderbuchtiere. Die Rednertribüne war von Mikrofonen und Fernsehkameras dicht umstellt, und als Oskar mit dem Rüssel die Glocke schwang und rief: »Als Erstem erteile ich dem Eisbären Paul das Wort!«, ging es wie ein Seufzen der Erleichterung durch den Saal. »Liebe Freunde!«, rief Paul. »Ich will nicht viele Worte machen. Ich halte nichts davon. Außerdem bin ich erkältet. Also – wir sind hier zusammengekommen, um den Kindern der Menschen zu helfen. Warum? Weil die Menschen selber diese ihre wichtigste Pflicht vernachlässigen! Wir verlangen einstimmig, dass es nie wieder Krieg, Not und Revolution geben darf! Sie müssen aufhören! Denn sie können aufhören! Und deshalb sollen sie aufhören!« An dieser Stelle brach im Saal ungeheurer Jubel los. Man stampfte mit den Hufen, schlug mit den Flügeln, klatschte mit den Flossen, klapperte mit den Schnäbeln, wieherte, krähte, zwitscherte, bellte, pfiff, röhrte, trompetete – es war toll! Während Pauls Eröffnungsrede saßen die Staatspräsidenten, in ihren Fräcken und Uniformen, im Konferenzsaal zu Kapstadt, Südafrika, und starrten schweigend auf die große, straff gespannte Leinwand des Fernsehsenders, von der aus, als stünde er leibhaftig vor ihnen, der Eisbär mit seiner dröhnenden, freilich recht verschnupften Stimme auf sie herunter sprach. »Wenn sich Hindernisse in den Weg stellen«, sagte er, »so kommt man nicht mit kleinen Schritten weiter. Nein, dann muss man springen! Das wissen wir Tiere; und die Menschen, die so gescheit tun, sollten es auch wissen. Heute fordern wir nun in aller Form die Vertreter der siebenundachtzigsten Konferenz der Menschen auf, das wichtigste Hindernis, das es gibt, zu überspringen: nämlich die Grenzen zwischen ihren Ländern. Die Schranken müssen fallen.

[…]

Der Tag, der dieser Nacht folgte – der vierte Tag der siebenundachtzigsten Konferenz der Staatsmänner und zugleich der ersten und letzten Konferenz der Tiere –, dieser Tag wird für immer in den Geschichtsbüchern als »der größte Schreckenstag der Menschheit« verzeichnet bleiben und von niemandem, der ihn miterlebt hat, jemals vergessen werden. Was war geschehen? Man wagt es kaum zu sagen: Die Kinder waren verschwunden! Sämtliche Kinder sämtlicher Menschen waren fort! Die Babys lagen nicht mehr in der Wiege. Die Kinderbetten waren leer. Die Schulen blieben ausgestorben. Nirgends hörte man ein Kinderlachen, nirgends ein Weinen. Die Eltern und Lehrer und alle Erwachsenen waren allein auf der Erde. Ganz kinderseelenallein. Da begannen sie zu schreien, zu rufen, auf die Straßen zu rennen, zum Rathaus, einander zu fragen, zu weinen, zu wüten und zu beten. Aber es nützte ihnen nichts. Gar nichts …

Herr Wagenthaler, der Nachtwächter in der Fahrradfabrik, sagte, er habe im Morgengrauen gesehen, wie von Grubers Dach ein großer Vogel aufgestiegen sei, mit einem Bündel in den Fängen. Und – ja, auch daran erinnere er sich jetzt – etwas später habe er aus dem Birkenwäldchen Kinderstimmen herüberklingen gehört, die sich allmählich entfernt hätten! Ob es nun stimmte oder nicht, das war alles, was man wusste. Es nützte so und so nichts. Die Kinder, alle Kinder auf der ganzen Welt, waren wie vom Erdboden verschwunden …

Vor dem Konferenzgebäude in Kapstadt, Südafrika, stauten sich Zehntausende verzweifelter Menschen. Sie standen stumm. Sie waren viel zu traurig, um zu schreien und zu schimpfen. Doch gerade die unheimliche Stille auf dem überfüllten Platz tat ihre besondere Wirkung. Die Artilleristen bewachten zwar noch das Portal. Aber sie hatten ihre Kanonen umgedreht. Die Mündungen waren jetzt auf das Gebäude gerichtet. Denn auch Artilleristen haben Kinder …

Im großen Verhandlungssaal saßen die Staatsmänner auf ihren Plätzen und blickten ratlos auf ihre Notizblöcke. Auch hier fiel kein Wort. Auch ihre Kinder und Enkel waren ja verschwunden! Feldmarschall Zornmüller biss sich auf den Schnurrbart. Wo mochte jetzt der kleine Philipp sein, sein jüngster Enkel, der später einmal sein Nachfolger und mindestens Generaladmiral oder Admiralgeneral hätte werden sollen! Plötzlich knackte es im Lautsprecher und eine etwas heisere Stimme rief: »Achtung, Achtung! In einer Minute wird aus dem Hochhaus der Tiere eine wichtige Erklärung abgegeben. Oskar, der Elefant, spricht über alle Sender zur Menschheit!« Die Rede, die Oskar, der Elefant, im Kreise der Tierdelegierten hielt und in der er sich an alle Menschen wandte, war kurz und lautete folgendermaßen: »Seit heute früh sind alle eure Kinder spurlos verschwunden. Diese Maßnahme ist uns nicht leichtgefallen. Denn auch wir sind Eltern, fühlen mit euch und hätten euch den Schmerz gern erspart. Aber wir wussten uns keinen anderen Rat mehr. Nicht wir sind schuld, dass es dazu kam, sondern eure Staatsmänner. Bedankt euch bei ihnen. Unsere Geduld ist erschöpft. Wir wollen und werden nicht länger tatenlos zusehen, wie eure Regierungen eure Kinder, die wir lieben, und deren Zukunft, die uns am Herzen liegt, immer von Neuem durch Zank, Krieg, Hinterlist und Geiz aufs Spiel setzen und ruinieren. In euren Gesetzbüchern gibt es eine Bestimmung, dass man Eltern, die nichts taugen, entmündigen kann, das heißt: dass man ihnen ihre Kinder fortnehmen und geeigneteren Erziehern übergeben darf. Wir haben von diesem Gesetz Gebrauch gemacht und eure Regierungen entmündigt. Sie sind ihrer Aufgabe seit Jahrhunderten nicht mehr würdig, und nun ist es genug. Wir haben seit heute früh die Verantwortung für eure Kinder übernommen, und ihr werdet sie nicht eher zurückbekommen, als bis sich eure Regierungen untereinander vertraglich verpflichtet haben, die Welt vernünftig und anständig zu verwalten. Sollten sich die Staatsmänner weigern, so werdet ihr wissen, warum ihr eure Kinder nie mehr wiederseht. Mehr habe ich euch nicht zu sagen. Die erste und letzte Konferenz der Tiere hat, so gut sie es vermochte, ihre Pflicht getan. Heute Abend sechs Uhr ist sie zu Ende. Vorschläge aus Kapstadt werden nur bis zu diesem Zeitpunkt entgegengenommen, geprüft und beantwortet. Tut, was ihr wollt. Wir tun, was wir müssen.«

[…]

Am nächsten Morgen, als die Sonne heraufkam, saßen die Tiere mit den Staatshäuptern noch immer am Tisch. Alois gähnte und riss dabei das Maul so weit auf, dass Herr Zornmüller erschrocken wegrückte. Oskar sagte: »Wir geben Ihnen noch zwei Minuten Zeit. Wenn Sie dann nicht unterschreiben, gehe ich auf den Balkon und halte eine kurze Ansprache an die vorm Palast versammelten Menschen. Ich vermute, dass Sie nach meiner kleinen Rede nicht mehr lange regieren werden.« Da endlich zogen die Herren die Füllfederhalter heraus und unterzeichneten den Vertrag. Die Tiere hatten gesiegt! Der Vertrag, den die Staatshäupter unterschrieben, lautete: »Wir, die verantwortlichen Vertreter aller Länder der Erde, verpflichten uns mit Leben und Vermögen zur Durchführung folgender Punkte: 1. Alle Grenzpfähle und Grenzwachen werden beseitigt. Es gibt keine Grenzen mehr. 2. Das Militär und alle Schuss- und Sprengwaffen werden abgeschafft. Es gibt keine Kriege mehr. 3. Die zur Aufrechterhaltung der Ordnung erforderliche Polizei wird mit Pfeil und Bogen ausgerüstet. Sie hat vornehmlich darüber zu wachen, dass Wissenschaft und Technik ausschließlich im Dienst des Friedens stehen. Es gibt keine Mordwissenschaften mehr. 4. Die Zahl der Büros, Beamten und Aktenschränke wird auf das unerlässliche Mindestmaß herabgeschraubt. Die Büros sind für die Menschen da, nicht umgekehrt. 5. Die bestbezahlten Beamten werden in Zukunft die Lehrer sein. Die Aufgabe, die Kinder zu wahren Menschen zu erziehen, ist die höchste und schwerste Aufgabe. Das Ziel der echten Erziehung soll heißen: Es gibt keine Trägheit des Herzens mehr!« Wie gesagt, das unterschrieben alle Staatshäupter …

Das posthistorische Zeitalter

Als die Epoche der Technik vorbei war,
rollte die Erde noch immer im Raum.
Und dieser Erde, der's ganz einerlei war,
wieviel mechanisches Spielzeug entzwei war,
schien die Geschichte der Menschheit ein Traum.

Einhornherden und hässliche Faune
trabten stumm durchs zertrümmerte Land.
Nur mitunter erhob sich Geraune,
wenn man vor Werken der menschlichen Laune
unerklärliches Grauen empfand …

Dieses Gedicht ist zuerst 1931 in der Zeitschrift Reclams Universum *mit einer Illustration von Walter Rosch erschienen und erst 2023 wiederentdeckt worden.*

Das größte Gut auf Erden, darin auch alle andere zeitliche Güter begriffen sind

Nachwort

1.

Martin Luthers Beschreibung des irdischen Friedens, die diesem Nachwort den Titel geliehen hat, weiß noch von einem himmlischen Frieden.* Eine solche Vorstellung war Erich Kästner fremd, und sein Menschenbild war trotz seines aufklärerischen und satirischen Werks voller Skepsis, um es noch freundlich zu sagen. Er hat Immanuel Kant gelesen, mit ihm hielt er den Frieden nicht für den Naturzustand, sondern für etwas, das immer neu erarbeitet, gestiftet werden muss. Das müsste im Umkehrschluss heißen, dass der Krieg der Naturzustand wäre, und es gibt immer wieder düstere Texte Kästners – meistens Gedichte –, die die Folgen einer solchen Verfassung ausmalen.

Seit niedergeschriebene Geschichte existiert, gibt es Chroniken und Berichte von Kriegen. Es deutet aber viel darauf hin, dass mit sozialen Lebensformen in der Frühgeschichte der Menschheit experimentiert wurde, dass sie ausgehandelt wurden – wie auch Konflikte. Die frühen Jäger- und Sammler-Gesellschaften haben keine

---

* Der Titel ist zit. nach Martin Luther: *Lob des irdischen Friedens*. Hg. Klaus Berger. Frankfurt am Main, Leipzig, S. 79.

Kriege geführt, die kamen erst, nachdem sich einzelne Gruppen niedergelassen und einen Begriff von Eigentum geprägt hatten. Diese beiden Faktoren haben nach heutigem Kenntnisstand zu den ersten Kriegen geführt; weniger erfolgreiche Gruppen scheinen erst dann »zuweilen zu Raubzügen und kollektiver Gewalt als Erfolgsstrategie gegriffen zu haben«, berichtet der britische Archäologe Martin Smith. Zusammen mit Kolleginnen und Kollegen hat er 2023 die Ergebnisse einer Studie an gut 2300 neolithischen Schädeln veröffentlicht, von Menschen, die zwischen 6000 und 2000 vor Christus gelebt haben. Eine signifikant hohe Zahl, 10 % der Schädel, wiesen Verletzungen auf; keine Hinweise auf vereinzelte Gewalttaten mehr, sondern auf größere bewaffnete Auseinandersetzungen. Die Sesshaftigkeit hat außerdem noch Krankheiten, Nahrungsmittelknappheit und eine schlechtere Stellung der Frauen als in den vorausgegangenen egalitären Gesellschaften mit sich gebracht.*

Dass also das Kriegführen gerade kein menschliches

---

* Linda Fibiger, Torbjörn Ahlström, Christian Meyer, Martin Smith: *Conflict, violence, and warfare among early farmers in Northwestern Europe*. In: PNAS (Proceedings of the National Academy of the United States of America), Vol. 120, No. 4, 17.1.2023; vgl. als populäre Zusammenfassung Lisa Lamm: *Warum die Menschen anfingen, Kriege zu führen*. In: National Geographic, 21.2.2023. – Diese Studie bestätigt nachträglich einige Thesen von David Graeber und David Wengrow: *Anfänge. Eine neue Geschichte der Menschheit*. Aus dem Amerikanischen übersetzt von Henning Dedekind, Helmut Dierlamm, Andreas Thomsen. Stuttgart 2022.

›Naturgesetz‹ ist, lässt trotz der gegenwärtigen Kriege auf Veränderungen hoffen; freilich ist es nicht sehr wahrscheinlich, dass wir aus den heutigen komplexen und riesigen Gesellschaften heraus zu einer Aufhebung von Sesshaftigkeit und Eigentum finden werden. Die aktuellen Konflikte müssen anders gelöst werden.

2.

Pazifisten sind gegen den Krieg, das weiß jeder und jede, und gelten mitunter als Figuren, über die man sich lustig machen kann – völlige Gewaltlosigkeit, passiver Widerstand und wie die Konzepte eines religiösen, anarchistischen, radikalen usw. Pazifismus alle heißen, wirken weltfremd, seit 2022 wieder mehr denn je. Andererseits, wer ist schon *für* Kriege, abgesehen von ein paar Diktatoren und ihren Anhängern? Ein radikaler – ›gesinnungsethischer‹ – Pazifismus dürfte nicht gerade häufig sein; der müsste das Fünfte Gebot buchstäblich nehmen, er dürfte einen Mörder nicht gewaltsam von seiner Tat abhalten, selbst wenn es die Möglichkeit gäbe, er dürfte nicht aus Notwehr handeln, potentiellen Opfern, die womöglich zu retten wären, nicht helfen; eine Haltung, die Olaf Müller in seiner Verteidigung des Pazifismus »blind oder herzlos« nennt.* Dass ein Pazifist keine Waffen herstellen, keine exportieren dürfte, ist vielleicht besser nachvollziehbar, aber dann gibt es

* Olaf Müller: *Pazifismus. Eine Verteidigung.* Ditzingen 2022, S. 22.

auch noch einen besonders unangenehmen »Elitärpazifismus«, der recht eigentlich gar keine moralische Haltung ist, sondern eine zynische: »Aus moralischen Gründen werden *wir* uns nicht an kriegerischen Handlungen beteiligen; aber solche Handlungen müssen leider immer wieder sein, und sie werden zum Glück von anderen vollzogen.«*

Einmal ganz davon abgesehen, dass jede pazifistische Richtung in ihren je spezifischen historischen Bezügen entsteht, fällt es immer viel schwerer, einen verantwortungsethischen Pazifismus genauer zu fassen; hier kann es nur Näherungswerte geben. Die berühmtesten Pazifisten des 20. Jahrhunderts, Albert Einstein und Bertrand Russell, waren für den Krieg gegen Hitler-Deutschland; Angriffskriege und Massenmorde lassen ein Eingreifen für einen politischen und verhältnismäßigen Pazifismus, wie Russell ihn vertreten hat, als zulässig erscheinen. Es gibt also Ausnahmen – wo wären weitere Ausnahmen jenseits des ›Dritten Reichs‹ zu machen? Lassen sich Kriterien entwickeln, um zuverlässig abzuwägen, wo die Folgen schrecklicher sind, wenn *nicht* militärisch verteidigt wird, wenn ein überfallenes Land *nicht* von anderen unterstützt wird? Wo wäre die Grenze zu ziehen? Wer könnte objektiv urteilen, nach welchen individuellen, moralischen, wissenschaftlichen Kriterien?

---

* Ebd., S. 24.

Dass hier abzuwägen ist, steht auch schon bei Luther, der nicht gerade als Pazifist bekannt geworden ist – der Begriff selbst ist erst um 1900 entstanden –: »Daß man nun viel schreibt und sagt, welch große Plage Krieg sei, das ist alles wahr; aber man sollte daneben ansehen, wie vielmal größer die Plage ist, der man mit Kriegen wehret.«* In einer heutigen Konkretisierung schreibt Olaf Müller: »Ein Krieg ist nur dann zulässig, wenn seine Vermeidung einen inakzeptabel größeren Preis an Menschenleben, Verletzungen, Traumatisierungen usw. nach sich zieht als seine Durchführung.«** Die Eindeutigkeit für die Ausnahme der NS-Diktatur kann mit dem singulären Zivilisationsbruch des Holocaust begründet werden, aber auch sie ist eine historische Eindeutigkeit. Je näher die großen Konflikte uns zeitlich rücken, desto umstrittener sind sie, erst recht die heutigen.

3.

Erich Kästner gilt als Pazifist, und er bezieht sich ausdrücklich auf Bertrand Russell (*Ostermarsch 1961*); wo steht er auf diesem Feld? Das vorliegende Bändchen präsentiert sein Spektrum, das deutlich von individuellen Erfahrungen gespeist ist, ein wacher Zeitgenosse, der mehrfach Schlussfolgerungen aus seinen Erfahrungen,

---

* Luther: *Lob des irdischen Friedens* (Anm. 1), S. 42.

** Müller: *Pazifismus* (Anm. 3), S. 34.

seinem früheren Verhalten gezogen hat. Es gibt keinen ausdrücklichen Kommentar Kästners zu Kurt Tucholskys berühmtem Satz »Soldaten sind Mörder«,* aber angesichts seiner Arbeiten zum Thema könnte man bei Kästner eher die Version ›Generäle‹, oder auch: (autoritäre, diktatorische) ›Regierungen sind Mörder‹ erwarten.

Die erste Abteilung zeigt, woher Kästners Haltung kommt. Ein Junge, der schon in der Schule damit konfrontiert wird, dass Mitschüler fehlen, weil sie erst eingezogen werden, dann fallen, und sich gegen die salbungsvollen Gedenkworte der Schulverwaltungen nicht mehr wehren können (*Primaner in Uniform*), wird das nicht vergessen – »Dem Globus lief das Blut aus den Arterien«, heißt es in einem hier nicht abgedruckten Gedicht.** Er selbst ist zwar davongekommen im Ersten Weltkrieg, einerseits, aus Altersgründen – er wurde noch einberufen, zum Kanonier ausgebildet, aber zum Einsatz kam es nicht mehr. Der militärische Drill war aber nicht folgenlos, vom historischen Vorbild des *Sergeant Waurich* hat Kästner seinen Herzfehler davongetragen. Angesichts der Gräberfelder und der in den zwanziger Jahren noch sichtlich zerstörten Landschaft

* Kurt Tucholsky: *Der bewachte Kriegsschauplatz*, in: K. T.: Gesamtausgabe. Texte und Briefe. Bd. 14: Texte 1931. Hg. Sabina Becker. Reinbek bei Hamburg 1998, S. 347 f., hier S. 348.

** *Kurzgefasster Lebenslauf*, in: Erich Kästner: *Ein Mann gibt Auskunft. Gedichte.* Mit Zeichnungen von Erich Ohser. Zürich 2017, S. 40.

der französischen Schlachtfelder – Verdun ist hier ein berühmter Ort für den Stellungskrieg – lässt sich der junge Schriftsteller nicht von seiner Trauer und seinem Trübsinn anhand dieser Überreste des Ersten Weltkriegs überwältigen, sondern überlegt sich, wie man zu einem Kriegerdenkmal kommen könnte, das nicht vergeht, das seine Wirkung nicht verliert, und das nicht durch Überwältigung abstumpft (*Fort Douaumont*). Die lyrische Kollektivbiografie seines Jahrgangs fällt dennoch eher pessimistisch aus: »Dann zeigen wir euch, was wir lernten!« klingt eher wie eine Drohung, die in der nachfolgenden Diktatur für einen Großteil dieser Generation auch zuverlässig eingetroffen ist (*Jahrgang 1899*).

In der zweiten Abteilung sind die pointierten Betrachtungen eines Satirikers versammelt, der darüber nachdenkt, was Macht ist, warum es immer wieder zu Kriegen kommt; keine politischen oder soziologischen Analysen, sondern Polemiken gegen die »Herrn der Erde«, die wieder einmal eine ›große Zeit‹ bräuchten, weil sie an zu vielen Friedensjahren litten. Kästner diskutiert eine Phantasie, wie neue große Zeiten zu verhindern wären, ein intrikater Dialog zwischen den zwei Seelen (Chronist und Fragesteller), die sich nicht einigen können – einer will den Krieg verhindert haben, indem er mit einigen Entschlossenen ein paar Generäle, Waffenlieferanten, Politiker im rechten Moment umgebracht hat, eine gewaltvolle pazifistische Phantasie.

Ohne Paradoxien geht es offensichtlich nicht bei diesem Thema: Wer die Naturgesetze verbessern wolle, müsse sie verletzen, heißt es auch, die Welt solle zu ihrem Glück gezwungen werden. Einer der beiden Sprecher ruft zum Mord an Kriegstreibern in Deutschland (und Frankreich) auf, mit dem resignativen Seufzer des anderen endet das Gedicht: »Du liebst die Menschen nicht. Du hast es leicht.« Der eine ist nicht bereit, für das Glück der Menschheit Blut und Tränen dreinzugeben, die der andere für unausweichlich hält, um dieses Glück zu erreichen. Das *Ohnmächtige Zwiegespräch* liest sich wie eine *Dialektik der Aufklärung* aus dem Jahr 1932 *en miniature,* ein Dutzend Jahre vor dem grundlegenden Werk der Kritischen Theorie von Theodor W. Adorno und Max Horkheimer. Jenseits dieser Überlegungen stellt Kästner in dieser Abteilung auch gescheiterte Initiativen zur Weltverbesserung vor; es hat offensichtlich nichts genützt, die eigene Staatsbürgerschaft aufzugeben (*Stimmen von der Galerie*), am Ende haben die Aktivisten alle wieder Pässe, biedere Jobs, alles ist beim Alten.

Die dritte Abteilung zeigt Aufrufe Kästners, immer wieder, in immer neuen Versuchen, eben dort, wo man eben gerade lebt, etwas zu erreichen, damit die Welt vielleicht doch ein besserer Ort wird. Hier findet sich ein Weimarer Aufruf gegen rechts, gegen die Leute, mit denen »kein Staat zu machen ist«; vor allem zeigt sich hier der Nachkriegs-Kästner, der aus seinem Überstehen der NS-Diktatur, auch aus Irrtümern und Fehleinschätzungen Schlussfolgerungen gezogen hat. Er hält – anders als vor 1933 – politische Reden, geht auf die Straße, protestiert gegen den Vietnam-Krieg, nimmt (wie gesagt mit dankbarem Verweis auf Bertrand Russell) an Ostermärschen teil, rühmt in einer Rede auf den PEN die Internationalität. Den neuen Aufrüstern wirft er mit Carl Friedrich von Weizsäcker »Mangel an Phantasie und Mangel an gesundem Menschenverstand« vor – über die Folgen eines Atomkriegs.

Damit ist es noch schlimmer, es gibt immer wieder erstaunliche Entwicklungen, die zeigen, dass Kästner noch eher untertrieben hat, wenn ich etwa an den letzten Film des großen japanischen Regisseurs Akira Kurosawa denke, *Träume* (*Yume*, 1990). In der Episode *Fujiyama in Rot* zeigt er einen blutroten Himmel, nach explodierenden Atomkraftwerken. Ein paar Menschen haben sich ans Meer geflüchtet. Sie diskutieren mit einem verzweifelten Wissenschaftler über die Folgen des radioaktiven Fallouts, der in Japan seit 1945 nur allzu genau dokumentiert worden ist. Der Wissenschaftler ertränkt sich, auch wegen seiner Fehleinschätzungen. All das erzählt Kurosawa 45 Jahre nach den Atombomben auf Hiroshima und Nagasaki, und 21 Jahre vor Fukushima, wo dieser ›Traum‹ (in diesem Fall Alptraum) der Unbeherrschbarkeit von Kernkraft Wirklichkeit geworden ist. Das hindert die aktuelle japanische Regierung nicht, weiterhin auf Kernkraft zu setzen – die Laufzeiten der noch bestehenden Reaktoren nicht mehr zu beschränken, alte durch neue zu ersetzen, die Erdbeben-Gefahr dieses Landes zu übergehen.* Eine Frage der Phantasie ist das nicht mehr, eher ein Übergehen, ein Nicht-wahrnehmen-Wollen.

Die wirklichen Lösungen, die Kästner anzubieten hat, sind leider Utopien, Nicht-Orte in verschiedenen Tonlagen. Die vierte Abteilung ruft die Frauen dazu auf, ihre kriegslüsternen Männer übers Knie zu legen, als schnöde Version von Aristophanes' pazifistischem Stück *Lysistrata* aus dem Peloponnesischen Krieg. Auch der Weihnachtsmann persönlich soll mit Stock und Rute segensreich prügelnd eingreifen. Im *Märchen von der Vernunft* werden die Herren der Welt aufgefordert, die Kosten des letzten Krieges nochmals aufzuwenden, nun aber für friedensbildende Maßnahmen, wenig überraschend endet der Text mit Hohngelächter. Erst in der Kinderbuch-Utopie der *Konferenz der Tiere* wird der Weltfrieden endlich erreicht; noch nicht einmal hier geht es ohne Gewalt ab, die als notwendig erachtet wird: Die Tiere entführen alle menschlichen Kinder und verstecken sie, und sie diktieren den Politikern die Bedingungen, unter denen die Menschen ihre Kinder zurückbekommen. Alle Eltern zwingen die Regierungen dazu, diesen Bedingungen nachzukommen. In diesem

* Vgl. tagesschau: *Japan verlängert Laufzeit von Atomreaktoren.* Meldung vom 31. 5. 2023, unter https://www.tagesschau.de/ausland/asien/japan-atomreaktoren-100.html (zuletzt überprüft 4. 4. 2024).

Kinderbuch steht einer der vielleicht schmerzlichsten Sätze, die Kästner geschrieben hat: »Denn auch Artilleristen haben Kinder.« Ein Satz, der sagt, was der Fall ist, gänzlich utopiefrei und dennoch immer wieder folgenlos. In Kästners Utopie für Kinder (und für die vorlesenden Erwachsenen) hat er die erwünschten Folgen; am Ende steht die Entmündigung aller Regierungen, die Abschaffung von Grenzen, Kriegen, Mordwissenschaften. Eine Polizei gibt es noch (mit Pfeil und Bogen bewaffnet), und die bestbezahlten Beamten sollen die Lehrer sein – Herzensbildung soll das prominenteste und zukunftsträchtigste Fach sein, es geht also um eine Bildung, die nicht nur den Intellekt betrifft, sondern ebenso das soziale Verhalten und die Emotionen.

Wenn es schiefgeht mit den utopischen Visionen und die Menschheit nicht zurückfindet in ihre friedlichere Frühzeit, sind wir sie los, die Menschheit. Kästner hat immer wieder rabenschwarze Untergangsphantasien geschrieben, er hat ausgemalt, wo wir landen, wenn die Falschen gewinnen, mal konkret und gegen den deutschen Militarismus gestellt (*Kennst du das Land*, *Die andre Möglichkeit*), mal in der Phantasie einer stillen Erde, vom Menschen befreit: In den dreißiger Jahren soll ausgerechnet worden sein, dass die ganze Menschheit zusammengedrängt in einem Kubikkilometer Platz hätte – 1927 hat die Weltbevölkerung gerade mal die zweite Milliarde erreicht (2022 war es die achte). Kästner stellt sich nun vor, man würde diese Kubikkilometer-Kiste

»vielleicht in den Kordilleren, / in einen der tiefsten Abgründe schmeißen«, und »Gras könnte über die Menschheit wachsen«, friedvoll.* Statt dieses bekannten Gedichts findet sich im vorliegenden Band ein Fund aus dem Jahr 1931: *Das posthistorische Zeitalter*, nicht ganz so düster, immerhin gibt es noch ein paar intelligente Wesen, Einhörner und Faune, die die Hinterlassenschaften der technischen-menschlichen Welt mit Grauen betrachten können, wenn sie denn auf welche stoßen.

4.

Kästners virtuoses Gedicht zeigt uns selbst als Einhörner und Faune – schließlich hat die Menschheit wenigstens regional immer wieder vor Relikten untergegangener Kulturen, untergegangener Technik gestanden, ohne das nun ängstlich auf sich, auf die je eigene Kultur zu beziehen, als Warnung, als Illustration. Und wieder fragt man sich, nach dem Wurf von David Graeber und David Wengrow,** ob unsere frühgeschichtlichen Vorfahren es nicht hie und da besser hatten, Kooperation, gegenseitige Hilfe, Egalitarismus – noch ein freilich anders instrumentierter und gestützter utopischer Entwurf, keine satirische Provokation.

---

* Nicht in diesem Band; vgl. *Ein Kubikkilometer genügt*, in: Erich Kästner: *Gesang zwischen den Stühlen. Gedichte.* Mit Zeichnungen von Erich Ohser. Zürich 2017, S. 97.

** Vgl. Graeber / Wengrow: *Anfänge* (Anm. 2).

In der Pazifismus-Debatte steht Kästner entschieden für Anti-Militarismus und Anti-Nationalismus; für Gesinnungspazifismus steht er nicht – ohne Gegenwehr, ohne Ordnungskräfte geht es für ihn wohl nicht.

Wie bescheiden es um die Wirkung von Literatur bestellt ist, muss ihm klar gewesen sein; Goethes Gedicht vom *Zauberlehrling*, den er in seiner Ostermarsch-Rede zitiert, hat noch keinen Wissenschaftler von einem fatalen Experiment abgehalten. Aber aus einem gewissen Trotz, aus einer Haltung heraus, die aller Ehren wert ist, denkt Kästner immer wieder über Krieg und Frieden nach, sinnt auf neue Provokationen, entwickelt Vorstellungen, wie es anders sein könnte mit dieser problematischen Menschheit. Durch die konkreten Anregungen, die jeweiligen Zeitbezüge, die in seiner Biographie verankert sein können, aber nicht müssen, erlangen sie ihre Verbindlichkeit. Sie sind mal ernst, mal spielerisch, sie sind pessimistisch, bitter, komisch, grotesk, pathetisch, eine Vielfalt von Tonlagen – immer in der »törichte[n], unsinnige[n] Hoffnung«, dass die Menschen doch »ein ganz klein wenig besser werden könnten, wenn man sie oft genug beschimpft, bittet, beleidigt und auslacht.«* Und selbst wenn die Menschheit nicht besser werden

* Erich Kästner: *Eine kleine Sonntagspredigt. Vom Sinn und Wesen der Satire*, in: Die Neue Zeitung, 4.8.1947; erneut in: E. K.: *Der tägliche Kram. Chansons und Prosa 1945–1948*, Zürich 2013, S. 159–164, hier S. 163–164.

sollte, hat der Satiriker immerhin sich selber geholfen, besser »mit der Welt klar zu kommen«* – immerhin hat er getan, was er konnte.

Sven Hanuschek

---

* Josef Hader im Interview mit Margret Köhler: *Wein, Sportwagen oder Regie?*, in: Abendzeitung (München), 2.4.2024, S. 25.

Textnachweis

Kennst Du das Land, wo die Kanonen blühn?, in: *Herz auf Taille*, Atrium Verlag, Zürich 2012, S. 47.

Jahrgang 1899, in: *Herz auf Taille*, Atrium Verlag, Zürich 2012, S. 13.

Primaner in Uniform, in: *Ein Mann gibt Auskunft*, Atrium Verlag, Zürich 2015, S. 47.

Sergeant Waurich, in: *Lärm im Spiegel*, Atrium Verlag, Zürich 2012, S. 8–9.

Fort Douaumont, zwölf Jahre später, in: *Gemischte Gefühle*, Atrium Verlag, Zürich 1990, S. 321–325.

Das ohnmächtige Zwiegespräch, in: *Gesang zwischen den Stühlen*, Atrium Verlag, Zürich 2011, S. 101–106.

Dem Revolutionär Jesus zum Geburtstag, in: *Ein Mann gibt Auskunft*, Atrium Verlag, Zürich 2015, S. 91–92.

Stimmen von der Galerie, in: *Die kleine Freiheit*, Atrium Verlag, Zürich 2014, S. 24–27.

Monolog des Blinden, in: *Lärm im Spiegel*, Atrium Verlag, Zürich 2012, S. 71–72.

Zitat aus großer Zeit, in: *Lärm im Spiegel*, Atrium Verlag, Zürich 2012, S. 66.

Friedensgas, Erstdruck in: *Neue Leipziger Zeitung*, Jg. 6, Nr. 291, 21.10.1926, S. 2.

Der tägliche Kram, in: *Der tägliche Kram*, Atrium Verlag, Zürich 2013, S. 99–102.

Knigge für Unbemittelte, in: *Herz auf Taille*, Atrium Verlag, Zürich 2012, S. 106–107.

Gegen den Krieg in Vietnam, in: *Gesammelte Schriften für Erwachsene*, Droemer Knaur, München / Zürich 1969, Bd. 8, S. 333 f.

Ostermarsch 1961, in: *Gesammelte Schriften für Erwachsene*, Droemer Knaur, München / Zürich 1969, Bd. 8, S. 315–320.

Marschliedchen, in: *Gesang zwischen den Stühlen*, Atrium Verlag, Zürich 2011, S. 95–96.

Über die Ziele des PEN-Clubs (»Freiheit und Frieden«), in: Erich Kästner, *Resignation ist kein Gesichtspunkt*, Hg. v. Sven Hanuschek, Atrium Verlag, Zürich 2023, S. 117–121.

Fantasie von übermorgen, in: *Lärm im Spiegel*, Atrium Verlag, Zürich 2012, S. 21.

Das Märchen von der Vernunft, in: *Der tägliche Kram*, Atrium Verlag, Zürich 2013, S. 204–207.

Brief an den Weihnachtsmann, in: *Gesammelte Schriften für Erwachsene*, Droemer Knaur, München / Zürich 1969, Bd. 6, S. 38 f.

»Es geht um die Kinder!«, in: *Die Konferenz der Tiere* (Auszug), Atrium Verlag, Zürich 2018, S. 54–88.

Das posthistorische Zeitalter, Erstabdruck am 9.7.1931 in: *Reclams Universum*, 47. Jg., H. 41.

Erich Kästner, 1899 in Dresden geboren, begründete gleich mit zwei seiner ersten Bücher seinen Weltruhm: *Herz auf Taille* (1928) und *Emil und die Detektive* (1929). Nach der Machtübernahme der Nationalsozialisten wurden seine Bücher verbrannt, sein Werk erschien nunmehr in der Schweiz im Atrium Verlag. Er erhielt zahlreiche literarische Auszeichnungen, u.a. den Georg-Büchner-Preis. Er starb 1974 in München.